解憂情趣店

Sally Coco 的真實故事

呂穎恒
Vera Lui ———— 著

推薦語

《解憂情趣店》是一本非常重要的性別與身體書寫。Vera不只是賣情趣用品,而是在回應人們對性的不安、羞恥、自我懷疑。書裡的每個故事都像是我在課堂上真實聽過的掙扎,很多人以為是自己的問題,但其實是性教育不足、大眾審美過於狹隘導致我們覺得自己永遠不夠好。這本書透過故事分享,溫柔地陪讀著拆解焦慮、理解慾望,重新找回對身體的自在與力量。

—— 性愛教練 Jing（資深性教練）

認識「性母」Vera的那天,推開銅鑼灣性商店的玻璃門,鈴噹叮叮作響,背陽坐在收銀的女人頭頂有光:她是愛與尊重的身教實踐者,頭腦好三觀正,是烏煙瘴氣的俗世清泉,是二十一世紀正向性教育急先鋒!性不只有做愛,性是性別、身體、心靈、思想、知識、家庭、朋友、愛人、人生…將那些「兩性解難」、「水星火星」都燒掉吧!讓Vera帶你逛一圈有情又有趣的情趣店,丟掉不合時宜的羞於啟齒吧!

—— 黃嘉瀛（藝術家、策展人）

Vera 創辦 Sally Coco 至今，她不只是創造了一個以推廣性／別平等及正面性態度的空間，更是以一己之力改造了香港封閉落後的性文化，令「性」變得日常、好玩和平易近人。作為她的性／別工作夥伴與好友，遊說 Vera 寫書遊說很多年了，今天喜見她十多個年頭見盡的、屬於這個年代的眾生故事終於結集成書與大家分享，希望讀者可以在裡面找到對自己和身邊人的同理心和慈悲。

── 黃鈺螢 博士（性／別研究學者、倡議者、作者）

「性」一向是敏感且羞於啟齒的話題，但 Vera 卻令我完全顛覆人類對於「性」的刻板印象。

記得多年前因為拍攝劇集的關係，第一次踏進中環的 Sally Coco，店內除了有跳跳紮紮的店主 Vera 和無窮無盡的新奇玩意之外，最令我印象深刻的，是店內竟然有一間「神秘問診室」！在這間房間裡客人可以大方地談及自己的問題，解決「性」帶來的憂慮。

Vera 一直身體力行教育正確的性知識，讓我們認識「性」其實並不可恥，而是了解自己的重要一課。

了解自己的身體，了解自己的需要，了解對自己的愛。我從來沒想過，原來談及性愛，都可以這樣自然而舒適。

—— 蔣祖曼（演員）

性，是一門相當複雜的課題，每個人在成長過程中都會面對不同對性的理解與迷惘，此書透過不同的真實個案進行探討，更立體地呈現性的本質與價值。

—— 床哥（兩性心事 YouTuber）

推薦序
性是心裡的百子櫃，
她是難得的 Trendsetter

小曹博士（香港中文大學性別研究課程講師）

雖然 Sally Coco 是一間情趣用品店，但 Vera 在書中娓娓道來的故事，卻反映出它不僅售賣情趣用品，還為顧客祛疑解憂，是鬧市中一處稀有的性別療心室。當我們以為隨著八九十年代香港經濟轉型、高等教育更加普及，再加上性／別運動逐漸冒起，香港人的性／別觀念與態度會比以前更加開放、談笑自如，但 Vera 觀察到的卻是更加幽微隱晦的光景——慾解放但情未解放。

的確，交友軟件的出現、情趣用品的推陳出新，以至藥物與手術的突破，都為我們帶來前所未見的機會，有更多和更不同的性經驗。然而，令人百思不得其解的是，實踐慾望的空間越廣，焦慮、挫敗、懷疑和痛苦卻越多，並未出現性解放運動曾經應許的愉悅與自信。究竟出了甚麼問題？

收錄在《解憂情趣店》的所有故事，幾乎沒有一個主人翁的困苦是純粹源自性生理功能的障礙；相反，所謂的「性疑難」往往是關係的疑難、人我界線的疑難，以及自我接納的疑難。換言之，性從來都不純粹地獨立自存，它永遠跟一大團非性（non-sexual）的元素糾纏，形成錯綜複雜的認知與情感互相交織的網絡。

　　同時，性又像一個心裡的百子櫃，藏著各式各樣在成長歷程中未能好好消化的情緒經驗，並以性慾的方式迂迴地尋求解脫。就如書裡提到的一位小提琴家，他走到 Vera 的商店，想買增敏凝膠令自己跟女友性交時快點射精，滿足自己成為完美男友的幻想。細問下才發現，他對完美無止境的追求源自兒時與母親的互動。也許追求完美令他在音樂上精益求精，但在性關係上過度追求完美，卻令他沒有充分考慮女友的需要。

　　從這個故事，我們可以看到小提琴家在性愛上的挫敗折射出他對失敗和失控的恐懼，但正正因為性愛涉及

他者——一個無法被我們完全預測、掌控和籠罩的主體，這個挫敗又反過來為他提供了一個契機，超越與整合原生家庭帶來的限制，重新選擇在哪些地方讓追逐完美的自己現身，並因應對方的需要而做適當的調節。

有一個講法認為，當代社會，尤其是被西方文化影響過的社會，對性這回事情灌注了過量的意義，令它嚴重超載。Gayle Rubin 在 80 年代發表、奠定了後來酷兒理論的文章 "Thinking Sex: Notes for a Radical Theory of the Politics of Sexuality" 列出了五大意識形態，障礙我們擁抱她所倡議的性政治理論，其中一項意識形態就是對性給予不成比例地重的社會意義，以致招來過度的社會監控和關注。Vera 筆下記錄了諸多這類的例子：陰莖的大小長短反映了陽剛氣質的高低，身型是否符合大眾的審美標準定義了個人價值、完整無缺的處女膜與粉嫩的乳頭代表了純潔無瑕的難得之貨等等。

然而，認為性是實現與表達真我，以及促進連結與

關懷這類想法，其實都是近代性被賦予的新意義。當舊的未除，新的又加，會導致原本已經超載的性「百上加斤」，亦令到性成為社會與個人拉扯得最厲害的場域。《解憂情趣店》記載了一段男友送女友性玩具後慘遭嫌棄的傷心故事。這位男友希望女友經歷高潮，於是特意選購了一枝 G 點震動棒做生日禮物，怎料女友收到後不但沒有感謝，還指責他「你當我是甚麼女生？！」或許對性的污名，尤其是對性玩具的污名，是她惱羞成怒的原因之一，同時，進步的性論述也可能火上加油。當我們試圖攔截或減弱社會對性的管控而把性建構為真我的展現、內心的真相或不容他人介入的私人領域，未經同意下送上性玩具也可能冒犯他人，因為對方可能認為自己想不想探索 G 點高潮、想不想與你探索，以至用哪些工具探索，都完全屬於個人決定的範圍，即使是伴侶亦不得干涉。

這種新舊性論述的交鋒營造出全新的情慾地貌，以致我們只能依靠持續的溝通來協調，並拿出勇氣修復每

一次落差對關係帶來的震盪與裂縫。經營了 Sally Coco 十五年的 Vera 卻觀察到，女同志伴侶比異性的更具備這種能力，她們會從選購哪種性玩具到想要哪種程度的刺激都會坦率商量，甚至在性愛中途若感不適也願意停下來溝通，確保彼此的意願和喜好都有被考慮，這種對彼此的關懷正正是遊走在新情慾地貌必不可少的基本能力。

相反，異性戀的男女卻較容易在這個全新的地貌裡進退失據。由於舊有的性劇本並未完全失效，對於誰該在性愛上做主導、怎樣的反應才算是合宜、如何判斷對方有沒有興趣等需要雙方或多方合作的情境仍有協調的功能，即使不完全認同這些規矩的異性戀男女還是有很強的動機去服從，避免協調失敗引發的尷尬或排擠。當有足夠的異性戀男女因為害怕尷尬或被排擠而勉強服從那些性劇本，就會再一次將它變成可以被經驗得到的現實；而因為我們傾向從「實然」來推斷「應然」，避免過度離群，反令有意想跳出框框的男女更加卻步。

不過,專門研究社會規範的衍生、演變與消失的心理學家暨哲學家 Cristina Bicchieri(2006,2017) 卻發現,會推動社會規範轉變的人本身就對規範的敏感度較低,以致較少被他人的期待所左右。這批特立獨行的人通稱為「潮流引領者」(trendsetters),只要她／他們結集並持續地展現與社會規範不符的行為,就有機會挑戰甚至修正因從眾而建立的「人們在做甚麼」的期待 (empirical expectations),繼而削弱由此而生的「別人對我該應做甚麼」的期待 (normative expectations)。由是,Vera 本人以至 Sally Coco 就是有助移風易俗的潮流引領者,而你手上這本書,記載了她／他們十五年的努力,一點一滴地展示活得不一樣的勇氣與可能,並邀請你參與這個革新旅程。

參考書目：

Bicchieri, Cristina. *The Grammar of Society: The Nature and Dynamics of Social Norms.* Cambridge University Press, 2006.

Bicchieri, Cristina. *Norms in the Wild: How to Diagnose, Measure, and Change Social Norms.* Oxford University Press, 2017.

Rubin, Gayle. "Thinking sex: Notes for a radical theory of the politics of sexuality." *In Pleasure and Danger: Exploring Female Sexuality*, edited by Carole Vance, 267-319. Routledge & Kegan Paul, 1992.

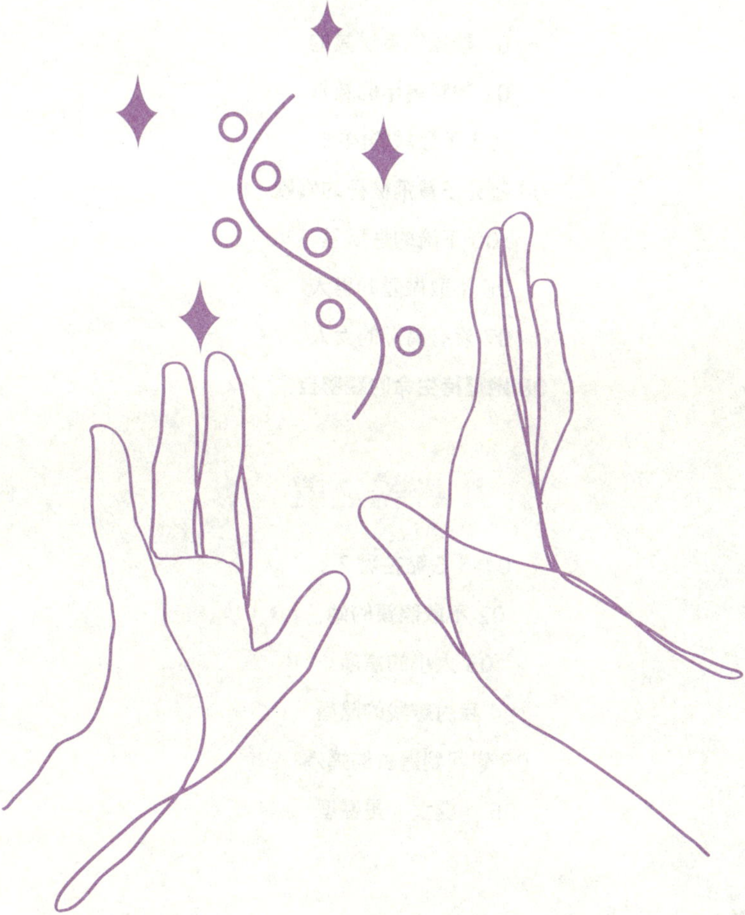

推薦語　2

推薦序　6

I 我不敢／我終於

01 離婚後買玩具的　18

02 想穿馬甲的叔叔　28

03 不敢試的內衣　38

04 為兒子買飛機杯的媽媽　48

05 下流的性玩具　56

06 不敢做愛的男人　65

07 沒有高潮的女人　74

08 她堅持生命的親密自主　82

II 身體之謎

01 「G點在哪？」　94

02 不敢照鏡的她　101

03 大小的焦慮　110

04 我討厭我的陰唇　118

05 想回到過去的媽媽　128

06 「處女」是甚麼　134

III 關係中的暗角與光明

01 快要結婚的女生　144

02 我老公強姦了我　154

03 八十歲的老伯伯　162

04 少奶奶 Rachel　172

05 我不知自己是第三者　180

06 音樂家的完美性愛　188

07 沒有陽具的束縛　197

IV 開一間情趣店

01 為甚麼會開一間情趣店　210

02 我小時候的性教育　218

03 開情趣店的困難　228

04 別以為性商店是沒有界線的地方　236

05 我不賣的產品　244

出書後記　254

I
我不敢／我終於

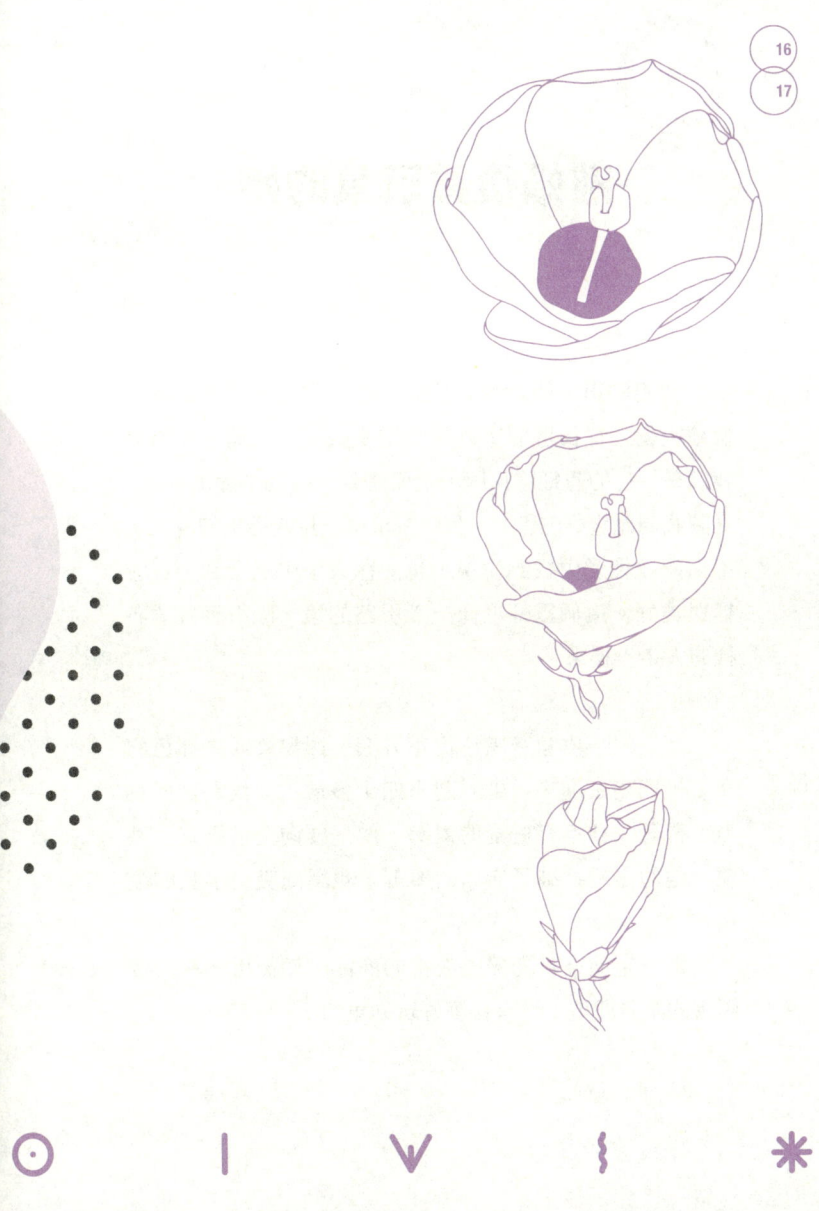

01

離婚後買玩具的她

我們的第一間實體店位於中環,隱身在閣麟街的一個樓上鋪。從街邊的室外扶手電梯緩緩上升時,會看到我們粉紅色的霓虹燈招牌,上面寫著「Let's Feel Good」(讓我們感覺好一點)。我們希望每一位走進來的客人,不僅能在性愛中找到愉悅,也能在人生中感到一絲輕鬆與美好。這個霓虹燈像一盞引路的燈,吸引著各式各樣的人走上樓來。

那天,一位穿著黑色皮革外套、頭髮染成亮紅色的女人推門走了進來。她看起來四十多歲,步伐堅定而有力,帶著一種不容置疑的氣勢,像是要向全世界宣示甚麼。她的出現打破了店內的寧靜,也瞬間吸引了我的注意。

她一走進來目光掃過架上的商品,然後用一種略帶興奮的語氣問道:「有甚麼好玩的東西?」

●●我的人生不需要再平淡了●●

我回答說:「當然有,您想要刺激一點的還是溫柔一點的?」

她嘴角微微上揚,露出一絲不易察覺的笑意:「刺激一點。我的人生不需要再平淡了。」

她的語氣中透著一股釋放的味道,我心裡不禁生出一絲好奇。於是,我從架上取下一款紫色的雙頭震動棒,遞給她看,邊展示邊說:「這款力度可以調節,還有多種模式,可以同時刺激內外,震動感能深入觸及神經末梢。我自己很喜歡,您以前有用過嗎?」

「我沒用過,但我想試。」她接過震動棒,仔細端詳了一會兒,眼神中閃過一抹興味。

「這款很適合初次嘗試的人,效果很棒。」我笑著回應,試探性地問道:「為甚麼現在想試這個?」

她抬起頭,嘴角揚起一個自信的弧度,語氣中帶著幾分得意:「我今天離婚了!」

說實話,我從未遇過一位離婚後如此開朗的女士。

大多數向我提及離婚的顧客，語氣裡總帶著一絲傷感或疲憊，而她卻完全不同。她的態度既堅定又帶著幾分叛逆，似乎在用這種方式重新定義自己。我忍不住問道：「離婚之後，感覺如何？」

她放下震動棒，突然握住我的手，眼中閃著光亮：「很爽！一開始分居時有點不習慣，但現在覺得自由了。我今年四十多歲，有個十歲的兒子。過去十幾年，我一直在婚姻裡做個好妻子、好媽媽，每天為丈夫煮飯、為兒子準備書包，等他下班回家。我想要親密的時候，他總說累，或者說我要求太多。到最後，我連自己想要甚麼都不敢說了。」

她的聲音漸漸低了下來，帶著一絲回憶中的苦澀：「有一次，我買了一件性感內衣，想跟他試點新東西。他看到後居然笑我，說『你都生了孩子，還搞這些幹嘛？』那一刻，我覺得自己好像一文不值。」

「所以是近年性生活不協調，所以離婚嗎？」我輕聲問，試圖理解她故事背後的暗湧。

她點了點頭，眼神中流露出一絲複雜的情緒：「其

實早在拍拖時，我們的性生活就不太協調。我很喜歡身體接觸，覺得擁抱、親吻這些親密行為是愛的一部分，但在他眼裡，這些好像只是多餘的東西。親嘴時，他總是蜻蜓點水，從來不會主動抱我，甚至連牽手都很少。一開始他還會勉強配合，一星期跟我做一兩次，但生完孩子後，他說有了小孩就不用做愛了。一年下來，我們可能只有在我生日那天勉強親密一次。」

聽著她的描述，我開始明白，他們之間的裂痕不僅在於性生活的頻率，更在於他們對愛的表達方式有著根本的分歧。我曾在書中讀到「愛的語言」這個概念——每個人表達和接受愛的方式都不一樣。對她來說，身體接觸是她最自然的愛的語言。她渴望擁抱、親吻，甚至只是簡單的牽手，這些動作能讓她感受到被愛、被需要。然而，她的丈夫似乎完全不懂這一點，甚至可能根本不覺得這些有甚麼重要。

「我一直覺得，愛情需要身體的連結。」她繼續說，聲音中帶著一絲無奈，「對我來說，抱一抱、親一親，就能讓我覺得我們還是親密的。可他從來不主動，甚至

有時我抱著他,他會不耐煩地推開我,說『熱死了,別黏著我』。我試過跟他說我想多點親密,但他總說『這些不重要,結了婚還有甚麼好浪漫的?』」

她的丈夫,顯然有著截然不同的愛的語言。從她的描述來看,他愛的語言可能更傾向於「服務行為」——他覺得每天上班賺錢、回家吃她煮的飯,就是對家庭的愛。他或許認為,只要他履行了經濟支柱的責任,就已經足夠表達他的感情。而那些她渴望的身體接觸、情感交流,對他來說不過是可有可無的點綴,甚至是「麻煩」。這種差異,在他們拍拖時或許還能勉強掩蓋,但結婚後,特別是有了孩子後,就變得越來越明顯。

「生孩子後,他好像覺得我們的關係變成了另一回事。」她苦笑了一下,「他常說,『我們現在是父母,不是情侶了。』對他來說,做愛只是為了生孩子,目的達成了,就沒必要再繼續。我試過跟他溝通,說我想保持親密,但他覺得我無理取鬧,還說『你要求那麼多,累不累啊?』」

她的語氣中透著一絲傷痛,但更多的是釋然。我能

感受到，這段婚姻對她來說，像是一場漫長的妥協。她想要的愛，是溫暖的觸碰、深情的眼神，是兩個人之間無聲卻深刻的連結；而他給她的，卻是冷淡的距離和敷衍的回應。這種愛的語言的鴻溝，讓她越來越覺得自己在婚姻中像個孤島。

「所以你就決定離婚了？」我問，試圖拼湊她故事的全貌。

●●這是我第一次為自己做點甚麼●●

她點了點頭，眼神中多了一抹決然：「其實分居前，我試過挽救。我買過那件性感內衣，還計劃過一次二人旅行，想找回當初的感覺。但他完全不配合，甚至覺得我『多此一舉』。那次旅行，我擁抱他，他都會縮開，連跟我說話都不是很願意。那一刻，我終於明白，他不會改變，而我不想再逼自己去接受這種生活。」
她停頓了一下，然後笑了笑：「今天我走出律師樓，覺

得整個人輕了。我對自己說：夠了，我要為自己而活。我剛剛買了這件皮革外套，還來這裡挑這款震動棒。這是我第一次為自己做點甚麼，完全不顧別人怎麼想。我可以給自己我想要的愛！」

我看著她，忍不住笑了：「這是您的新開始，真的很棒。」

她的眼神亮了起來：「對，我覺得我還有好多事可以試。以前我總覺得自己是個妻子、個媽媽，甚麼都要以他們為先。現在我才發現，我也可以是我自己。」

我將那款紫色震動棒包好，遞給她：「這款很適合您，祝您享受這份自由。」

她接過袋子，臨走前轉身對我說：「謝謝你，Vera。不是每個都明白這種感覺。」

離婚，對很多人來說，是一個沉重的詞彙。在傳統的華人社會中，婚姻被視為女人的終身依靠，而離婚則往往被貼上「失敗」的標籤。對於一個四十多歲、有孩子的女人來說，結束一段婚姻不僅意味著法律上的分離，更是一場情感、身份和社會角色的劇變。然而，她讓我看到，離

婚也可以是一種解放，一個女人重新找回自我的契機。

她和丈夫的分歧，不僅是性生活的頻率，更是他們對愛的理解完全不在同一個頻道上。她需要身體的親密來感受愛，而他卻認為責任和陪伴就已足夠。這種差異，沒有對錯，但如果無法調和，就會成為婚姻的裂痕。

對她來說，離婚不僅是結束一段不幸福的關係，更是擺脫壓抑、重拾自我的過程。她用皮革外套宣示外在的改變，用震動棒探索內在的渴望。她的丈夫拒絕她的需求，甚至嘲笑她的努力，這讓她在婚姻中感到孤獨。離婚後，她選擇用玩具來滿足自己，這不僅是對身體需求的回應，更是對自己內心的一次肯定。她在告訴自己：我的快樂不需要依賴別人，我可以自己給予自己。

●●有權利追求自己的欲望●●

這一點尤其重要。因為在我們的社會中，女性的性需求往往被認為是次要的，甚至是應該服務伴侶或家庭

的。當婚姻無法提供親密時,許多女性選擇壓抑自己,而不是尋找其他方式。然而,她的選擇提醒我們,親密不一定要依賴另一個人。它可以是與自己的對話,是對自己身體的探索,是對自己欲望的接納。

　　離婚並不意味著親密的終結,而是親密的新開始。她不再等待丈夫的認可,而是自己主動尋找快樂。這種轉變,需要巨大的勇氣,也需要對自己價值的堅定信念。她用行動證明,女性的親密生活不必局限於婚姻,也不必被年齡或母親的身份所限制。四十多歲的她,依然有權利追求自己的欲望,依然可以活得精彩,哪怕她是一個單親媽媽。

　　愛的語言或許因人而異,但真正的愛,應該讓人感覺好一點——就像我們店裡的霓虹燈所說的。她的丈夫沒能給她這種感覺,但她選擇了自己給自己。離婚不是終點,而是起點——一個讓她重新感覺好一點的起點。

真正的愛，
應該讓人感覺好一點

02

想穿馬甲的叔叔

開店早期一心只想售賣性玩具的我，從來都沒有想過賣內衣。開了中環店後，有時客人結帳前都會問一句：「你們有沒有一些性感一點的內衣？」。看到有此需求，於是我就開始搜羅世界各地不同的內衣品牌，把那些在外國知名，但香港還未有售的性感品牌帶到店內。過程中，我都學習到了很多關於採購內衣，以及為客人試穿內衣的經歷。

有一段時間，我們與一個本地的馬甲品牌合作，獨家銷售他們的產品。這些馬甲設計精緻，剪裁合身，質料上乘，既融合了傳統的優雅美感，又帶有現代的時尚元素。坦白說，我們一開始認為這些產品的主要顧客會是女性，因為馬甲通常用來襯托身形，展現曲線。

直到一個叔叔的到訪，改變了我們的想法。

那一天的下午特別寧靜，他一個人走進店裡，大約六十多歲，身形瘦削，穿著一襲淺藍色襯衫配上深藍色西褲，既斯文又得體。他的白髮非常整齊，隱隱透著一

種經過歲月洗禮的優雅。雖然他的身材不算高大,但舉手投足之間透著一股低調而穩重的氣質,像是一位退休的學者,但又帶著一種難以言喻的從容與謙遜。

他走進店裡的時候,腳步不急不慢,像是悠閒地逛街,並沒有特定的目標。然而,當他走到馬甲展示區時,卻突然停住了腳步。

他站在那裡,目光被其中一件黑色蕾絲馬甲吸引住了。他的神情帶著一種專注,仔細地端詳著,嘴角還微微上揚。我走近他,打了一聲招呼:「您好,您對這些馬甲有興趣嗎?」

●●「這是給女人穿的,我怎麼會穿這些呢?」●●

他似乎有些不好意思,隨後笑著回答:「不是,不是,我只是覺得這些馬甲設計得很漂亮,很有質感。」

他的語氣是那麼真誠,讓人感覺到他並不是隨口稱讚,而是發自內心地欣賞眼前的設計。我注意到,他的

目光不單單停留在馬甲的外在美,更像是在透過它,感受到某種內在的共鳴。

由於我們的顧客大多是為伴侶選購商品,所以當時我下意識地問了一句:「想買一件馬甲送給伴侶嗎?」

聽到這句話,他立即回答「不,不是,我單身的。」

「哦,原來是這樣,」我笑著回應,心裡卻有些疑惑。「那您是想買來送人,還是……?」

他搖了搖頭,語氣裡帶著一絲不自然:「我其實沒有想購買,只是覺得它們真的很美,設計很細緻。」

那一刻,我突然意識到,他並不是為了別人而來,而是單純地被這些馬甲吸引了,是在純粹地欣賞。

從那次之後,他成了我們店裡的常客。每隔一段時間,他都會來一次,每次到了馬甲展示區,便會靜靜地站在那裡,仔細地欣賞每一件馬甲。有時,他甚至會伸手輕輕觸摸布料,感受它的質感,但始終沒有說過一句想要買的話。我都只會在遠處靜靜地注意到了他的舉動,也對他的到來感到好奇。某一天,我忍不住問他:「您經常來看馬甲,哪一件是您特別喜愛的呢?」

他笑了笑，回答道：「其實，每一件都很漂亮，我只是覺得它們很有設計感，很特別。」

我追問：「那您有沒有想過試穿一下呢？也許會有不一樣的感覺哦。」

聽到我的提議，他的表情突然變得有些緊張，連忙擺手道：「不用了不用了，這些是給女人穿的，我怎麼會穿這些呢？」

他的語氣中帶著一點抗拒，但他的眼神卻透露出一種掙扎──那是一種「想試卻不敢試」的猶豫。他似乎被某種無形的枷鎖困住了，無法跨越那條所謂的「性別界線」。

幾次之後，我發現，其實他每次到來都充滿期待，但也總是帶著遺憾離開。於是，我決定主動鼓勵他，幫他打破那層心理障礙。某一天，他再次站在馬甲展示區前時，我對他說：「其實衣服從來沒有分性別的，最重要的是適不適合自己。如果您想試穿，我可以幫您挑選一件最適合您的。」

他小聲說：「真的可以嗎？」我微笑著回答：「當

然可以啊,試穿一下又不需要買,您可以看看自己穿上後感覺怎麼樣。」在我的鼓勵下,他終於鼓起勇氣,挑了一件設計比較簡約的黑色馬甲,走進了試身室。

●●「好像這才是我真正的樣子」●●

在試身室內,我詳細地跟他分享了穿著馬甲技巧,並幫他穿上,把馬甲調較到最合他身形的鬆緊度。花了幾分鐘後,終於幫他把馬甲穿上。當他看見鏡子中穿著馬甲的自己時,目光變得明亮而自信,像是終於找到了一個被隱藏多年的自己。他沒有說話,只是靜靜地看著鏡中的自己,嘴角浮現出一抹難以察覺的笑容。

我問他:「感覺怎麼樣?」他沉默了幾秒,然後說:「很奇怪,這件衣服讓我感覺自己⋯⋯好像更加完整了,好像這才是我真正的樣子。」

衣服不僅僅是遮蓋身體或裝扮外形的工具,更是一

個人真實表達自我的方式。衣服從來沒有性別，也無需定義對錯。但很多時候，我們穿的衣服，並不是為了自己，而是為了滿足社會對我們的要求，像叔叔遵循所謂的「性別規範」，卻忽略了內心真正的渴望。

　　這樣的情況，又何止發生在他身上？我們每個人其實都像他一樣，戴著一張「面具」生活。現實中，大部分人都很少真正為自己穿衣。從小到大，我們被教育要「穿得得體」，甚至「不要丟臉」。這些話背後的意思，不是讓我們穿得讓自己舒適，而是穿得讓別人滿意。

　　例如，在家庭聚會中，我們可能會刻意穿得體面，以免被親戚評論「過得不好」；在職場中，我們可能會選擇一套看起來專業的西裝，以顯得自己「有能力」。而在約會時，我們會精心挑選衣服，試圖讓對方覺得自己「有吸引力」。這些選擇中，有多少是來自於我們內心的喜好？又有多少只是為了迎合他人的期待？

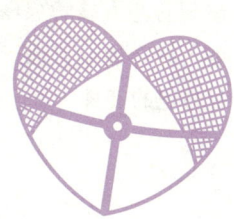

●●選擇成為自己想要的樣子●●

即便我們選擇了一件自己喜歡的衣服,也可能會擔心:「別人會不會覺得這件衣服太奇怪?」這樣的擔憂,往往讓我們妥協,選擇一件更「安全」的衣服——一件不會引起過多關注,但也無法真正表達自我的衣服。這種觀念讓我們無形中被逼著穿上「社會期待的衣服」,漸漸忘記了:我們的衣服,究竟是為了誰而穿?

當我們習慣了為別人的眼光而穿衣,漸漸地,我們可能會忘記自己真正的喜好,忘記自己想要如何展現自我。這種現象其實不僅僅體現在穿衣上,而是滲透到我們生活的方方面面。我們戴著面具,說著別人想聽的話,做著別人認可的事,甚至活成了別人希望我們成為的樣子。

如果你有留意人的肢體語言,走在街上,你或者會發現有些人肩膀很繃緊。我總覺得他們長期處於緊張狀態,好像擔心自己一不留神,一鬆懈,就會被其他人看見自己的真身。

或者這個叔叔也是一樣，很害怕讓別人看到他真實的模樣。

但當叔叔穿上自己真正喜歡的衣服，站在鏡面前，終於第一次看見自己，他的眼裡有光，肩膀也一剎那放鬆下來。那種感覺是無法替代的——那是自由的感覺，是做回自己的感覺。

彷彿在此之前，每次他看自己，都是透過他人的眼睛，而不是用他自己的雙眼，看到真實的自己。

穿衣打扮——它應該是我們表達內心的方式，而不是壓抑內心的工具。

看到他那雙眼發光的眼神，啟發了我將店內的試身室改造成一個「性別中立的空間」，不再有「男」和「女」的標籤。任何人，都可以安心地進入，試穿自己想要的衣服，無需擔心別人的眼光。

這種放下歧視和批判的「性別中立試身室」在坊間原來非常罕有，有一位跨性別女性告訴我，她曾經鼓起勇氣走進一家高檔內衣店，想要試穿一件自己喜歡的內

衣，卻被店員冷漠地拒絕，甚至被恐嚇會報警。她說，那一天她的自尊心被嚴重打擊，甚至開始懷疑自己是否有資格成為一個女人。內衣和馬甲這樣的服飾，本應該是讓人感到自信、舒適，並能展現自我的工具，但為甚麼卻成了某些人羞辱和排斥他人的理由呢？

衣服從來沒有性別，也沒有對錯。衣服應該是表達自我、展現內心的工具，而不是用以掩蓋真實自我的面具。當我們摘下面具，穿上自己真正想穿的衣服時，那不只是一次外在的選擇，更是一種內心的解放。這是對自我的接納，對真實生命的擁抱。或許你也曾因為害怕被評價而壓抑內心的渴望，或許你也曾因為社會的規範而退縮，但自由的力量就在於勇敢地邁出那一步——不再為他人的期待而活，而是為自己而活。

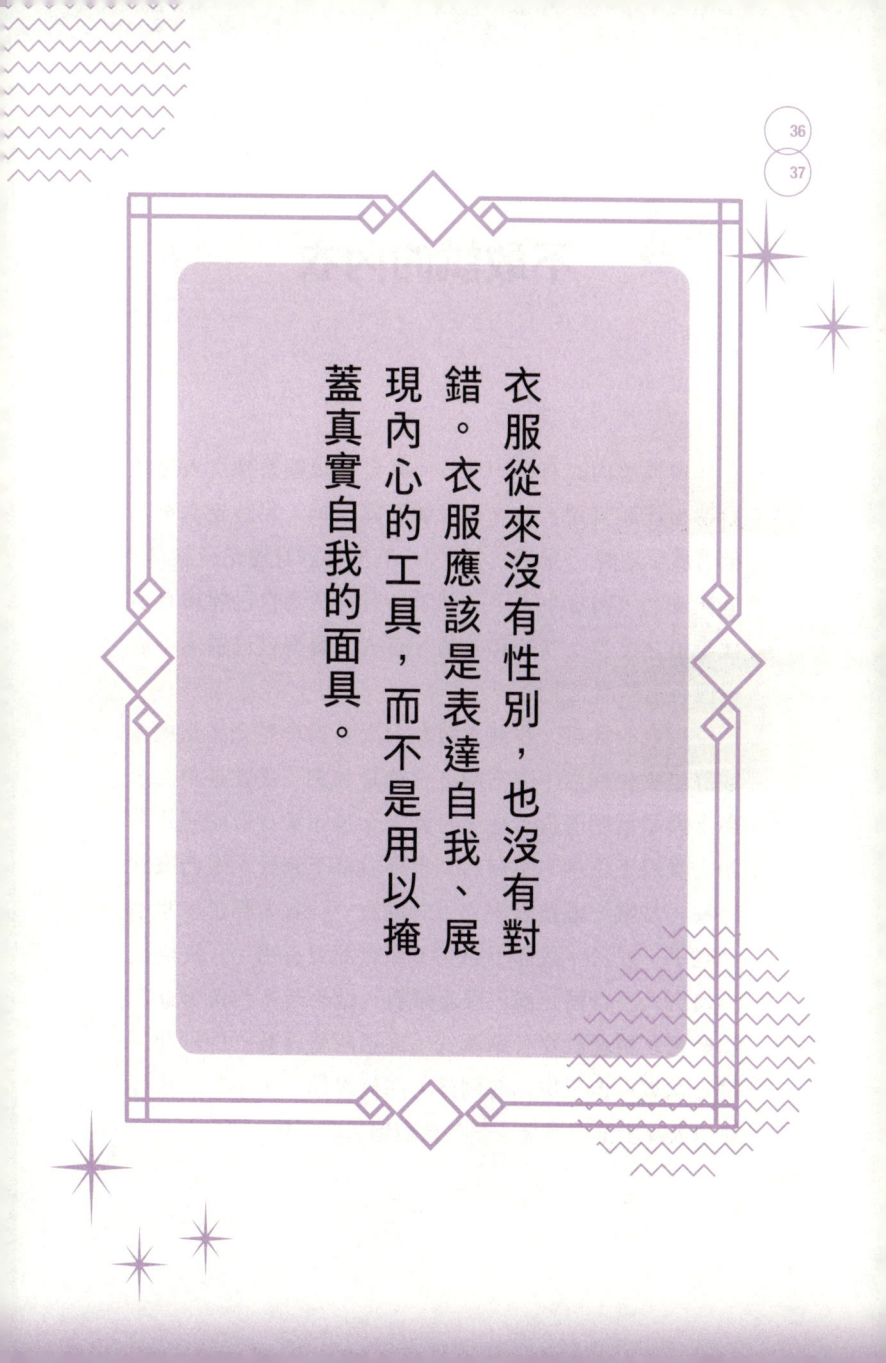

衣服從來沒有性別，也沒有對錯。衣服應該是表達自我、展現內心的工具，而不是用以掩蓋真實自我的面具。

03

不敢試的內衣

　　賣性感內衣有趣的地方，就是可以觀察到女人怎樣看待自己和身體。有些對身體充滿自信，昂首走進來，指著展示架說：「這個我要試！」有些卻對身體充滿焦慮，低頭細語，猶豫半天不敢伸手。有些認為自己要擁有名模身形才配得上蕾絲和絲綢，有些則覺得自己根本不值得擁有這些漂亮東西。

　　以我的觀察，香港本地女人大多對身體充滿焦慮。或許是文化使然，這裡的社會總是強調「瘦就是美」，街上滿是減肥廣告，社交媒體上全是完美身形的照片，讓人覺得不夠瘦、不夠高、不夠白就不夠好。她們來到店裡，常常一邊摸著內衣，一邊說：「我太胖了，穿不到啦！」或者「我都不漂亮，穿來都沒有用。」反倒是外籍客人，身體焦慮沒那麼嚴重，進來時多半帶著好奇和興奮，積極試穿各種款式，從透明蕾絲到鮮艷緞面，毫不怯場。但凡事都有例外，那個星期二下午，一位外籍白人女士推門進來，讓我見識到焦慮不分國界。

●●「我是否配得上它？」●●

　　她大約三十歲，一頭金髮，穿著簡單的白色恤衫和牛仔褲，頭髮隨意綁成馬尾，看起來像剛從超市跑完一圈。她一進門，目光就被展示架上那件藍色百合花紋胸圍吸引住了。她走過去，伸手摸了摸蕾絲邊，又縮回手，低聲說：「These are so pretty… Maybe not.（這些內衣很美…還是不試好了。）」她繞著店內轉了一圈，看看潤滑液，又翻翻香薰蠟燭，但沒幾步又回到內衣架前，喃喃道：「這些有我的尺碼嗎？」「試身好像太麻煩了。」「算了，不要試好了。」她來來回回，像在跟自己拔河，想試又不敢試。

　　我站在櫃檯後，看著她這場內心小劇場，心想：她明明很想試，卻被甚麼攔住了。於是我走過去，輕聲說：「尺碼有你的，這件藍色百合花紋很多人試過都說舒服。試身很簡單，兩分鐘搞定，試上身才知適不適合。」

　　聽了我的話，她沉默了幾秒鐘，「I am here. Let me try them on.（既然我都來了，讓我試穿看看吧。）」。

我笑了笑，拿了那件藍色胸圍，又挑了兩套她一直偷瞄的款式——一件黑色蕾絲吊帶，一件酒紅色緞面胸圍——帶她到更衣室。

得到她的允許後，我進入試身室，幫她調整胸罩的肩帶和胸圍帶，確保內衣能完美貼合她的身體。當她看著鏡中的自己時，她的表情從一開始的緊張，變成了驚訝，然後又帶著一絲複雜的情感。

「This bra is so pretty. But I don't know if I deserve it. （這件胸罩好漂亮！但我不知道自己是否配得上穿它。）」她低聲說，語氣裡夾雜著一種無法掩飾的自卑。

聽到這句話，我的心不禁一陣酸楚。為甚麼一個女人會覺得自己不值得擁有美好的事物呢？

我忍不住問她：「Why do you think you don't deserve it? （你為何覺得自己不值得擁有它？）」

她低頭看著自己的腳，聲音變得細小：「I've never bought anything like this. （我從來都沒有買過這樣的內衣。）」

她解釋自己從來沒有買過性感內衣，平時穿的都是低價的日常內衣，若果買貴一點的東西會有種內疚感。

　　我心裡一動，猜她這種感覺不只限於內衣，於是問：「Do you often feel this way?（你經常有這種感覺嗎？）」

　　她抬起頭，鏡中的她雙眼開始泛紅：「Do you know that feeling of having to work hard just to prove you're worthy of something? That's how I feel all the time.（你知道那種需要拼命努力，才能證明自己值得擁有某些東西的感覺嗎？我總是有這樣的感覺。）」

　　「Even in your relationship?（在你的感情關係中也是這樣嗎？）」我輕聲問。

　　「Yes. I just broke up with my ex. I worked really hard to make it work. It felt like I had to work very hard to deserve his love. It got so hard. I can't do it anymore.（是的。我剛和前任分手。我很努力地想要讓這段感情維持下去。我覺得自己必須非常努力，才能配得上他的愛。但真的太辛苦了。我再也撐不下去了。）」

更衣室裡突然安靜下來，只剩她低低的呼吸聲。我看著她，這個外表平凡的女人，背後卻背著這麼重的故事。我輕聲跟她說：「I have felt that way too. When I was young, my mom would reward me with toys if I got a good grade in the exam. She would give me pocket money if I helped out at home. Slowly, I believe that I only deserve good things if I work really hard, even in my relationship. （我也曾有過那樣的感受。小時候，我媽媽會在我考試取得好成績時獎勵我玩具；如果我在家幫忙，她會給我零用錢。漸漸地，我開始相信，只有拼命努力，我才配得上擁有美好的事物。）」

●●「我要努力表現才值得愛」是一種錯覺 ●●

她擦擦眼淚，勉強笑了一下：「Me too. I've always felt I need to earn everything. （我也是這樣！我一直覺得要賺回來才行。）」

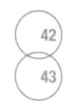

小時候，很多人都經歷過一種教育方式，就是「做好事情才有獎勵」。例如，考試考得好，才可以買玩具；做完功課，才可以看電視；或者幫忙做家務，才會有零用錢。

這類教養方式本身沒有錯，因為它幫助孩子建立努力與回報之間的關係，但同時也會慢慢植入一個觀念：只有「表現得好」，才值得擁有美好的事物。

長大後，這種心態往往根深蒂固。當我們想要享受一些美好的事物時，例如買一件自己喜歡的衣服、去旅行，甚至只是簡單地休息一下，都可能會覺得自己不夠「努力」，因此不夠資格享受。這種「努力換回報」的思維模式，會讓我們將自身的價值與努力掛鉤，認為如果沒有付出過、沒有辛苦過，就不應該擁有好的事物。而當我們真的享受美好事物時，也會帶著一種「罪惡感」。

我自己曾經也是這樣的一個人。多年來，我總是告訴自己，只有在工作上取得成就，或者完成了一項艱難的任務後，才有資格獎勵自己。我不敢輕易休息，因為

休息會讓我感到內疚；我不敢輕易花錢買喜歡的東西，因為我覺得那是浪費；我不敢輕易享受生活，因為我覺得自己還不夠努力。

慢慢地，這種想法更帶到親密關係中，變成了「必須努力才能配得上愛」的思維模式。當我們相信愛的存在是基於「努力」而非「無條件的接納」時，我們會不斷地向自己施壓，認為必須付出更多，才能維繫一段關係。這不僅讓我們感到疲憊，更會讓我們的自我價值感逐漸被侵蝕，因為我們把自己的「值得被愛」完全建立在對方的回應與關係的穩定上。

●●存在本身就是一種奇蹟●●

當我們覺得一定要努力才能配得上愛時，我們會不斷地討好伴侶，甚至犧牲自己的需求和感受。我們可能會壓抑自己的情緒，害怕表達自己的不滿或需求，因為我們擔心這樣做會破壞對方對我們的愛。同時，我們可

能會過度關注對方的需求,甚至忽視自己的界限,讓自己處於一種不健康的付出模式中。這樣的行為長期下來,會讓我們感到疲憊甚至迷失自己,因為我們的生活重心完全被對方掌控。

以前的我也跟她一樣,一直在這種關係中不斷內耗。直到有一天,我意識到,這樣的心態讓我活得很累,並且常常忽視了自己的需求。我開始嘗試改變自己對「美好事物」的看法,開始學會不再為休息感到內疚,開始允許自己享受生活中的小確幸。我告訴自己,美好的事物和伴侶的愛並不是一種獎勵,而是一種權利。我們每個人都值得擁有快樂和幸福,不是因為我們努力了多少,而是因為我們的存在本身就有價值。

看著鏡中的她,就像看著自己的前身,我跟她說:「Nice things aren't about "deserving." They are about joy. You enjoy them not because you worked hard or performed well. You enjoy them because you exist. (美好的事物並不是關於「是否配得上」,而是關於快樂。你

享受它們,不是因為你努力工作或表現得好,而是因為你存在。)」

　　她的眼神逐漸變得柔和,似乎在消化我說的話。她凝視鏡內的自己說:「Let's enjoy it.(我們一起享受它吧。)」

　　最後,她買下了那件藍色百合花紋的胸罩,還選了幾件其他款式的內衣。當她離開店裡時,她的臉上多了一抹輕鬆的笑容。那不是因為買了內衣的滿足,而是因為她開始學會接納自己,開始相信自己值得擁有美好。

　　我們值得被愛,值得擁有美好的人、事、物,不是因為我們做了甚麼,而是因為我們存在。而存在本身,就已經是一種奇蹟。

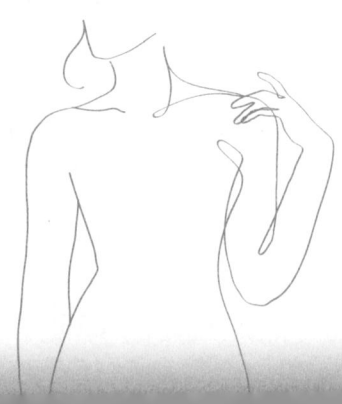

我們值得被愛,值得擁有美好的人、事、物,不是因為我們做了甚麼,而是因為我們存在。

04

為兒子買飛機杯的媽媽

　　有一天，一位中年女士走進了我的店，目光流連於各個展示架之間，彷彿在尋找某樣特定的商品。她看起來有些匆忙，穿著簡單的家居服，微胖的啤梨身材，戴著粗框眼鏡，頭髮是電捲過的，看起來像是剛剛從市場買完菜回家。她的目光停留在飛機杯的展示架前，神情有些困惑。於是我主動走上前，熱情地向她介紹我們最受歡迎的飛機杯。

　　「這款飛機杯是新手適用的，設計很簡單，清潔也很容易，剛剛開始使用的人都會覺得很方便。」我耐心地向她講解不同型號的特點，包括材質、用途和價格範圍。她聽得很認真，不時點頭，偶爾還會追問一些細節，比如「這個用完怎樣清洗？」或是「有沒有更耐用的款式？」當我以為她是準備買來送給伴侶時，她卻說出了一句令我驚訝的話：「我想買給我的兒子。」

　　作為一家情趣用品店的經營者，我見過不少女性顧客來買飛機杯，但絕大多數都是為男朋友或老公購買的，

目的多半是為了防止對方「犯錯」或「出軌」。但一位媽媽主動為兒子購買飛機杯,這還是我第一次遇到。這樣的坦然與開放,讓我非常好奇她背後的理由。

●● 坦然的媽媽與壓制的媽媽 ●●

「為甚麼會想買給你的兒子?」我忍不住問她。

她微微一笑,說:「我的兒子都已經十四歲啦,這個年紀都會有性慾啦。我想與其讓他亂玩,或者會弄傷自己,不如給他安全的工具來探索。」

我點了點頭,對於她的坦然感到佩服。她接著說:「我之前上網看過一些文章,說青少年如果亂打飛機,太大力呀,太快呀,都可能會養成不好的習慣,甚至會影響到將來親密關係的感覺。所以,我想找適合他用的飛機杯,幫他建立一個健康的習慣。」

這位媽媽的回答,讓我感到既驚訝又欣慰。這是一位願意正視自己孩子成長過程中性需求的媽媽,她沒有

用傳統的羞恥感去壓抑孩子，也沒有逃避這個話題。相反，她選擇以一種開明而實際的方式，支持兒子以健康、安全的方式探索自己的情慾。她的態度，和我自己母親對待情慾話題的方式，形成了鮮明的對比。

當時我妹妹正在念大學，媽媽一向喜歡整理家裡的東西，總是打掃得一塵不染。有一次，媽媽為妹妹換床單時，在枕頭下跌出了一個震動器。震動器的存在像一個巨大的問號，讓媽媽感到震驚、困惑，甚至羞恥。她顯然無法理解：自己的女兒，還沒結婚，怎麼會有這種「羞恥的東西」？

結果，媽媽把震動器放在客廳的餐桌上，整整擺了一個多月，像一個無聲的指控。她甚麼都沒說，但她的行動卻無聲地表達了一切。每天經過餐桌，她都會發出碎碎念，不是直接責備妹妹，而是用那些傳統的道德觀念來暗示：「現在的女孩子怎麼都這樣，不珍惜自己的身體？」「這樣的行為，將來的老公知道了怎麼辦？」「男人最在意女人的純潔，沒人會喜歡一個這樣的女孩。」

她的語氣充滿了焦慮，好像妹妹的未來因為這個震動器而徹底毀了。

全家人都無法忽視那震動器的存在。妹妹回家的時候，看到它被放在餐桌上，臉頰瞬間漲紅，卻甚麼話也說不出口。她知道媽媽的碎碎念是在說給她聽，但她也選擇了沉默。媽媽也沒有直接對妹妹說甚麼，只是每天反覆念叨著那些話，讓四周充滿了令人窒息的壓力。

媽媽的行為，折射出的是一種代際之間的矛盾。她無法接受妹妹有性慾的現實，卻又無法明說，只能用這種沉默的壓制來表達自己的不安。而妹妹的沉默，也是一種抗爭，她不想為自己的選擇辯解，因為她知道，這是屬於她自己的私事。而夾在中間的我和爸爸，那時候都不知怎樣緩和這「冷戰」，最後趁她們兩個都不在家時，爸爸偷偷地把那震動器丟了。從此，我們全家都再沒有提起這件事。

兩個媽媽面對子女的性慾有兩種不同的態度，那位來店裡為兒子買飛機杯的媽媽坦然接受孩子的性需求，並以開放和支持的方式，陪伴孩子成長；而我的媽媽則

是將性慾視為羞恥之事，用道德枷鎖去壓抑孩子的探索。這樣的對比，讓我不禁思考：一個家長應該如何看待孩子的成長，以及面對在成長過程中的性發展必然會出現的事實？

●●選擇理解性慾，而非壓制●●

性是每個人成長中的自然部分，從兒童時期的性別角色認同，到青春期對身體變化的疑惑，再到成年後對親密關係的渴望，這一切都是成長過程中自然且健康的一環。孩子的性意識會隨著年齡增長而變得更加複雜，而父母的角色不僅是養育者，也是陪伴者。家長的態度卻會對孩子產生深遠的影響，應該在這些關鍵時刻提供正確的指導和支持。如果家長能夠以開放的態度去接納孩子，陪伴孩子一起建立正確的性觀念，在正向的環境中探索自己，亦能避免因無知而做出有害的選擇。

如果家長選擇壓抑和逃避，以羞恥感去對待孩子的

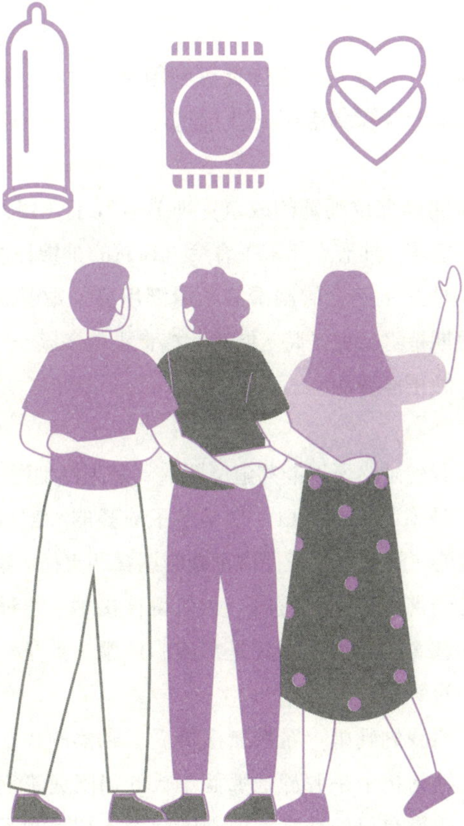

性需求,孩子可能會因此感到困惑、內疚,甚至會將性與羞恥感深深綁定在一起,影響到他們未來的親密關係。

　　回到那位媽媽的故事,她最後買了一個大小適中,紋路簡單,外形看起來不會令人尷尬的飛機杯送給兒子,還為他配上適合的潤滑液和清潔用品。她離開前還跟我說很期待送給兒子時,能趁此機會跟他多談一些她對「自慰」的正面看法。

　　我想她之所以能夠這麼開放,是因為她選擇了理解,而不是壓制。她明白,性是孩子成長的一部分,而她所能做的,就是為孩子提供正確的選擇和支持,讓他知道,他的情慾需求是正常的,也值得被接納。這種性態度就是性教育的核心,不只是知識的傳遞,更是一種理解與接納的態度。

　　而我的媽媽,雖然無法接受震動器的存在,但我知道,她的抗拒是源於她那個年代的局限與不安。她可能無法改變自己的觀念,但她的行為,卻提醒了我:作為

新一代的家長，我們有責任打破這些禁忌，為未來的孩子創造一個更開放、更健康的環境。

面對孩子成長過程中的性意識變化，對父母而言，既是一項挑戰，更是一個寶貴的契機。作為家長，能否以開放的態度去理解孩子的成長，將深刻影響孩子未來如何看待自己的情感與情慾。或許並非每位父母都能如那位媽媽般坦然地為孩子購買飛機杯，但每位父母都可以以同理心去接納孩子的成長。我們每個人都曾是成長中的孩子，若能記住這一點，便能以更大的理解與包容，支持孩子探索屬於他們的情與慾。

05

下流的性玩具

　　每逢星期五傍晚，中環的街頭總是熱鬧非凡，下班的人群湧進酒吧，情侶們手牽手逛街，而我的小店卻悄悄迎來一位特別的客人。店裡人來人往，我正忙著招呼客人。忽然，門鈴響起，一個年輕男人走了進來，手裡拿著手機，眼神裡帶著三分緊張七分期待，像是要完成一件秘密任務。

　　他看起來二十多歲，戴著一副細框眼鏡，穿著粉藍色的恤衫，臉上帶著點緊張又認真的表情，像是在執行甚麼重要任務。他小心翼翼地走到我面前，低聲問道：「請問……甚麼玩具適合送女朋友做生日禮物？」

　　我微笑著回應：「她有用過嗎？」

　　他臉微微紅了，搓了搓手說：「她沒有用過……我想找個……能讓她開心又有新鮮感的東西。我聽過 G 點震動棒，應該不錯吧？但我不太懂，想請你幫我挑。」

●●「她不要……」●●

　　他的誠懇讓我覺得挺可愛。我從架上拿出一款流線型的紫色 G 點震動棒，遞給他看，邊展示邊說：「這款很適合初心者，弧度設計能精準刺激 G 點，力度可調，還有防水功能。」

　　他搖搖頭，認真地說：「這個她用起來會舒服嗎？我想她生日時送這個，讓她探索新感覺。」呀！怎麼他跟我老公當初說的差不多，心想：「這女生有個暖男當男友，真幸福。」

　　我點點頭，把開動的玩具遞到他手上，說：「你感受一下，這款震動感很溫柔，用起來會舒服的。」他按著玩具上的按鈕，研究著每一個震動模式，波浪模式、脈沖模式、間斷跳動，他通通都研究一輪，還拿起了旁邊其他同類玩具仔細比較。他終於開口問：「這個有粉紅色嗎？我女朋友喜歡粉紅。」剛好這款真的有粉紅色，他就決定購買。

　　付款時，他再禮貌地問：「可以幫我包得漂亮一點

嗎？」看他為女朋友如此用心，我亦如他所願，把玩具放進購物袋，用膠紙封好後，再在袋上綁了一個黑色絲帶蝴蝶。小心翼翼地把袋子送到他手上：「希望你女朋友喜歡！」他就像捧著甚麼珍寶一樣說了聲謝謝後走了。

我本以為這是個溫馨的故事結局，沒想到第二天中午，他又回來了。這次他臉色不太好，眼圈有點紅，手裡提著那個還繫著黑色絲帶蝴蝶的購物袋。他一進門就低聲說：「我可以退貨嗎？她…她不要。」

我愣了一下，接過袋子問：「怎麼了？她不喜歡這款嗎？」

他苦笑著搖頭，聲音帶點哽咽：「她連拆都沒拆，我告訴她袋內是性玩具，她就直接扔回給我，還大喊：『你當我是甚麼女生？』我解釋說只是生日禮物，想讓她開心，她卻說我下流，覺得我送這個是侮辱她。最後她叫我走，我昨晚一夜沒睡。」

我看著他的頭越垂越低，對自己很失望的樣子，我輕輕安慰他：「你沒有做錯，只是對性的污名化太過嚴重了，所以她才會有這種反應。」

他嘆了口氣:「我…我根本不是那個意思。我是真的很用心挑的…我上網查了好多資料…還選了粉紅色,因為她喜歡這個顏色…」他的委屈有口難言,「我不是想她做甚麼,只是想讓她開心一點。她卻覺得我把她當成……蕩婦……」

我點點頭,把袋子放一邊,說:「我明白。如果她知道你為了這份禮物花了多少心思,我相信她都會感動的。」

比起退貨,我更希望他可以趁此機會和她聊聊對性的看法,「如果你想和她談,我可以給你些建議。」

他搖搖頭,苦笑說:「謝謝你,但她現在不想見我。我還是退了吧。」

對於他們來說,現在或者還不是時候。我幫他辦了退貨,他拿著錢,低頭走了,背影看起來像是失去了甚麼很重要的東西。

●●性玩具本是中性的工具●●●

他走後,我心裡有點沉。這件事雖小,卻像一面鏡子,照出很多人對性玩具的誤解。送個震動棒被罵「下流」,不免讓人感慨,這東西到底哪裡錯了?

很多人把性玩具看成「淫亂」的象徵,覺得用它的人就是「淫蕩」,送它的人就是「下流」,彷彿這小東西天生帶著罪惡的光環。這位男友精心挑選的 G 點震動棒,在女友眼裡成了羞辱,只因它被貼上污名──一個「不正經」的標籤,讓一份生日禮物從溫馨變成尷尬。

但說到底,性玩具是甚麼?

性玩具,不過是塑膠、矽膠加個小馬達,幾十塊零件拼出來的小型家電,跟電動牙刷、洗面機、風筒沒甚麼區別,本質上無分好壞。性玩具是中性的,沒靈魂沒意圖,就像一張白紙,等著你畫上自己的顏色。你覺得它下流,它就下流,變成禁忌的代名詞;你覺得它賦權,它就是實踐身體自主的小幫手。一件死物有甚麼「意思」,全是人類思想給予的。

這男友想用它表達愛和親密，卻被誤解成侮辱，實在有點冤枉。他花心思查資料、挑她愛的粉紅色，甚至鼓起勇氣走進店裡，滿心期待這份禮物能為兩人帶來新鮮感和親密。他不是要女友「證明甚麼」，也不是把她推向甚麼不堪的角色，只是單純想說：「我愛你，想跟你一起試試新東西。」可惜，社會的眼光把這份心意扭成「不正經」，硬生生把浪漫踩成羞恥。

　　我常聽人說：「正經女仔不會用玩具啦！」或者「送這個太下流，有誰會接受？」但為甚麼不能？它只是個物件，幫你探索身體、享受歡愉，跟喝杯咖啡、看場電影、用個按摩器放鬆肩膀沒甚麼兩樣。非要說它「羞恥」，那羞恥從哪來？不是玩具本身，而是我們的偏見—那些根深蒂固的假設，覺得性相關的東西就該藏起來，覺得公開談它、用它就是「不潔」。

　　這男友的遭遇，正是這種偏見的縮影，讓一個中性工具成了爭議的雷區。

●●性的污名化是羞恥的根源●●●

性本身被污名化，才是性玩具背負羞恥的根源。在很多文化裡，性長期被視為禁忌，特別是女性的性慾，更是被壓抑和貶低的對象。幾個世紀以來，社會把性框定為「危險」或「不純」的東西──宗教說它是罪，傳統說它是私，道德說它要規範。於是，跟性沾邊的東西，比如性玩具，自然也逃不過被妖魔化的命運。它明明只是塑膠和馬達的組合，卻因為跟性有關，就被扣上「淫亂」的帽子。這種污名化不是一天形成的，而是幾代人累積的誤解：性不該公開談，性快樂不該主動追求，用工具幫自己享受性更是大逆不道。結果，一個本該中性的物件，硬是被社會的眼光扭曲成羞恥的象徵。

當這位男友送 G 點震動棒時，女友的反應──「你當我是甚麼女生？」──其實是這種文化的反射。她不是單純討厭那個玩具，而是被灌輸了「性玩具＝不正經」的想法，覺得接受它等於承認自己「隨便」。這只是她個人的誤解，而是整個社會對性的恐懼和偏見在作祟。

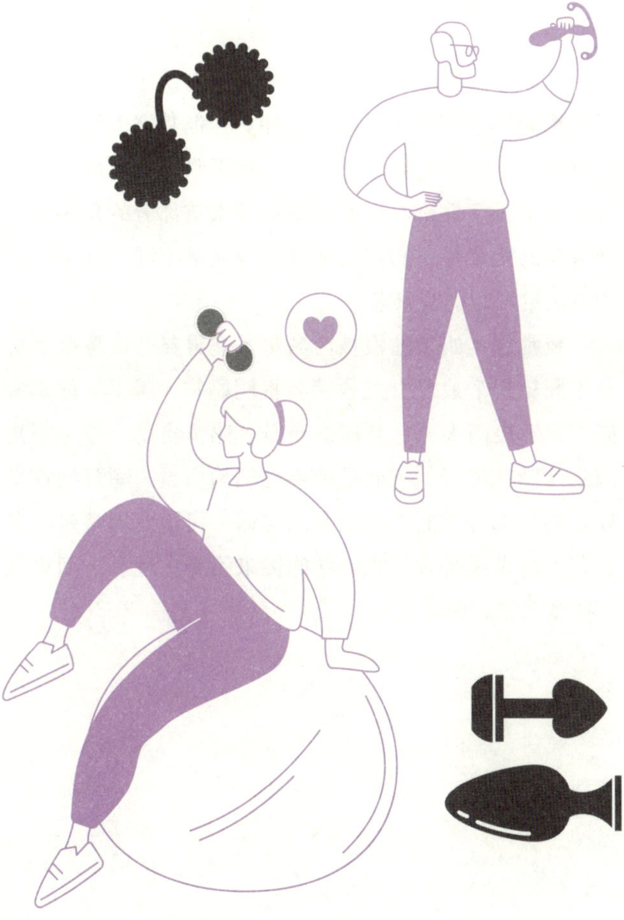

性被污名化,變成一個不能輕易觸碰的禁忌領域,連帶任何相關工具都成了「問題物件」。但其實,性是人類最自然的一部分,像吃飯睡覺一樣平常,為甚麼不能大大方方接受?性玩具不過是幫你探索這部分的幫手,跟健身房的跑步機、廚房的攪拌機沒甚麼不同,都是為了讓生活更好的小型家電。

　　我常想,如果性沒被污名化,這男友的故事會不會有不同結局?或許女友會笑著拆開禮物,說:「你真會挑!」然後兩人一起試試新玩具,感情更進一步。不是因為他們「下流」,而是因為他們夠坦誠,願意把性當成愛的一部分,而不是羞恥的角落。可惜,現實是污名還在,玩具還得背黑鍋。壞的從來不是性玩具,而是我們硬塞給它的偏見。

06

不敢做愛的男人

　　Sally Coco 全盛時期於香港有 4 間分店,分別位於中環、銅鑼灣、尖沙咀及荃灣。由於我們的實體店、網店和社交媒體上的形象比較女性友善,所以很多男人都以為我們只招待女賓,但其實任何性別我們都歡迎的。2016 年銅鑼灣店開張不久的一天,我站在店內整理商品時,注意到玻璃門外有一位穿著白色 T 恤和牛仔褲三十多歲的男人。

　　他站在門外,低著頭,來回踱步,像是在掙扎是否要進來。他腳邊的影子在地上徘徊,就像他此刻的心情。我見狀,走到門口,微笑著打開玻璃門,輕聲說:「進來吧,男人都可以入來的!」

　　他聽到這句話後,抬頭看了我一眼,臉上浮現一絲羞澀,隨即低下頭,匆匆走進店內。他的動作小心翼翼,像是擔心被其他人看到,整個人透著一種侷促不安。

　　「我叫 Vera,有甚麼問題隨時問我!」我用一貫的開場白,語氣輕鬆,試圖讓他放鬆下來。

他站在店中央，雙手插在牛仔褲的口袋裡，語氣有些顫抖：「我……想買枝震動棒……」

●●「我沒資格做她老公……」●●

　　他的聲音很小，幾乎是喃喃自語，但我聽得清清楚楚。我點了點頭，問道：「你是送給太太，又或者女朋友？」
　　他抬起頭，臉上的表情有些不自然，但還是點了點頭。
　　「是送給太太的嗎？」我帶他走到震動棒展示枱前面。「她有用過嗎？」
　　看到面前林林總總的震動棒，他補充了一句：「但……我想要外形像真一點的。」
　　想找像真的震動棒並不出奇，但他的心情卻令我產生了好奇。於是，我試探著問：「為甚麼想找個像真的？」
　　他低著頭，語氣低沉而羞愧：「因為……我想她用了之後，就不會再需要和我做愛。」
　　這句話讓我愣住了。我看著他，忍不住問：「你……

不想跟太太做愛？」

他抿了抿嘴唇，像是在斟酌措辭，然後低聲說：「不是……而是……我根本做不到……」

隨後，他開始慢慢向我傾訴，像是終於找到了可以說話的人。他說，他今年30多歲，和太太結婚剛滿兩年。他們的感情一向很好，但最近半年來，他開始發現自己在性生活中出現了問題。

「每次……每次要開始的時候，我都會好緊張……然後，就無法勃起……」他的聲音越來越低，眼神中充滿了無助與羞愧。「太太一開始會安慰我，說無所謂，但次次都這樣，我知她其實好失望。」

他告訴我，這種情況讓他感到前所未有的挫敗。他開始害怕親密接觸，害怕太太表現出任何親密的需求，即使是一個擁抱，他都會嘗試逃避，甚至害怕兩人單獨相處。為了逃避，他經常假裝工作忙，回家後也總是找藉口拖延時間，有時更會裝著看電視到深夜，直到太太睡著才敢上床。

「我知她沒怪我⋯⋯但⋯⋯我覺得自己根本沒資格做她老公。」他低著頭,輕聲說出這句話,語氣中帶著深深的自責與無奈。

在我們的社會中,男性往往被賦予了「必須強壯、有能力」的刻板印象,而性能力更成為其中的重要標籤。許多男性從年輕時就被灌輸一種觀念:勃起象徵著力量、活力與男子氣概,而如果失去這種能力,他們便會覺得自己失去了價值。

這位不敢做愛的男士正是這種觀念的受害者。他將自己的能力與價值完全與勃起能力掛鉤,甚至無法看到自己在婚姻中的其他方面的貢獻。他忘記了,作為一個丈夫,他的價值不僅僅在於性能力,還包括他的陪伴、支持和愛。

「其實,性是伴侶關係中的一部分,但不是唯一的部分。」我輕聲對他說。「你太太這麼愛你,沒因此而怪責你,這已經證明了,你在她心目中很重要。」

他抬起頭，眼神中帶著一絲疑惑：「但……我無法滿足她……這樣都算是男人嗎？」

「性愛不是只有靠勃起才可以完成的，你同太太可以一齊探索其他親密方式，不一定要靠『抽抽插插』來滿足彼此。」我試著開解他。

「那我買枝像真的，都算是其他方法吧？」

「玩具只是工具，你是想用來跟她探索，還是想用來逃避現實？」

他靜了下來，一言不發。

●●甚麼是「真男人」●●

我續說：「你來到我們的店，證明你是想解決現在遇到的問題。買震動棒不是能解決問題核心的方法，真男人遇到困難就想辦法解決，而不是逃避。我建議去看看性治療師，他們會有方法幫到你。你是一個有價值的老公，現在遇到的困難只是暫時，不代表你一輩子都不

能帶給太太幸福。」

他點了點頭，臉上的表情似乎輕鬆了一些：「我之前真的無這樣想過。」

「這是我們相熟的性治療師。」我遞上了治療師的卡片，然後送他出門。「今天震動棒就不賣你了！日後你們想探索更多時，再跟太太一起來！到時我必定會為你們選個合適的！」在這位男士身上，我看到了現代男性因性能力而承受的巨大壓力，也看到了我們的社會如何將男性的價值簡化為「是否能勃起」這樣單一的標準。這種狹隘的定義不僅對男性極為不公平，還讓他們在無形中背負了過多的期望與負擔。更深層次地說，這樣的文化讓很多男性誤解了「甚麼是真男人」，將自己的價值與能力過度集中在生理層面，忽略了男性作為人、作為伴侶、作為家庭成員的其他貢獻。

在我們的文化中，性能力被視為男性「男子氣概」的象徵，尤其是勃起功能常常被誇大為一種「男人的標誌」。這種觀念不僅讓男性承擔了不必要的心理壓力，

也誤導了他們對關係中自己角色的理解。真男人並不需要將自己的價值與「性能力」掛鉤。一個男人的價值，遠遠超越了他的性能力。作為伴侶，他的價值更多地體現在他是否能給予對方支持、理解與尊重，是否願意在關係中付出愛與努力，而不是僅僅將自己的貢獻局限於床上的表現。

要成為真男人，我們必須擺脫傳統的刻板印象。長期以來，男性被賦予了很多與「強大」相關的社會期望：他們必須堅韌、果斷、能承擔責任，必須在職場上成功，在家庭中提供經濟保障，受了傷也不可以哭，甚至在性愛中也要表現得「無可挑剔」。這些「男人」的形象標準忽略了男性作為一個有血有肉、有情感、有弱點的人之本質。

很多男性因為害怕被認為「不夠男人」而壓抑內心的情感和需要。真男人都是人，總有軟弱的時刻，可以有困惑、不安，甚至可以失敗，因為這些都是人性的組成部分。一個真男人，不在於他是否能在每一次挑戰中勝出，而在於他是否能真誠地面對自己的不足，並試圖

在困難中找到新的出路。

當一個男人能夠直面自己的恐懼與脆弱,接納自己,並與伴侶分享自己的內心時,他才真正展現出成熟與勇氣。我們經常倡議女人接納自己,擁抱自愛,其實有時男人比女人更需要這些——這些才是真正的力量。

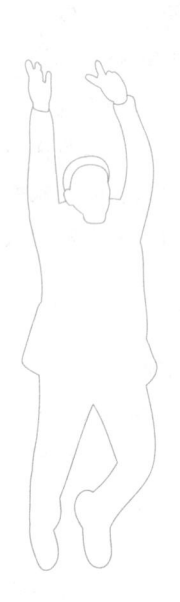

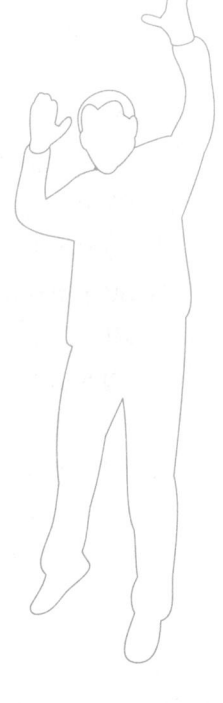

性玩具只是工具,你是想用來跟她探索,還是想用來逃避現實?

07

沒有高潮的女人

在創業初期，我們的業務尚未發展到在中環擁有實體店鋪，當時我們只是租了一個位於石門的貨倉作為辦公室，主要經營網店。為了增加公司的信譽，我們決定將貨倉的地址在網站上公開，希望藉此讓客戶對我們的品牌多一份信任。但讓人意外的是，地址剛剛公開沒多久，就有人敲門表示想親自來看看產品。

隨著來訪的人越來越多，我們將貨倉前半部分改裝成展示區，後半部分繼續用作包裝與存貨空間。同時，為了避免不同顧客同時到訪產生尷尬，我們開始採用私人預約制——每個時段只接待一位顧客，讓每位顧客都能享受專屬的隱私與服務。

某一天，我們接到一位聲音溫柔的女士來電，表示希望預約參觀展示區。到了約定的時間，她準時到達。初見她時，我便注意到她的穿著打扮十分得體，舉手投足之間散發出專業人士的氣質。

出於好奇，我問她：「請問妳是從哪裡過來的？」

她微笑著回答：「我是從中環搭的士過來的，其實我不太清楚石門在哪裡。」她的回答讓我不禁佩服她的決心，因為石門當時仍是以貨倉為主的地區，與中環的繁華形成鮮明對比。她是一名律師，工作繁忙還特意從中環過來，顯然她對這次預約抱有非常大的期望。

我請她坐下後，問了一個常問的問題：「妳今天為甚麼會想來了解這些玩具呢？」

她沉默了一會兒，語氣中帶著些許無奈與掙扎，說出了她的故事：原來，她從來沒有在性行為中達到過高潮，而這件事情對她的心理和生活帶來了巨大的影響。

●●假裝 AV 女優那樣高潮●●

她告訴我，自己過去也有過幾段感情，但每一段關係都因為性方面的問題而告終。「每次做愛的時候，我都感受不到快感，更別說高潮了。我的前任男朋友對此感到非常沮喪，甚至覺得我是否不正常。」她的語氣中

透著深深的無奈與自責。

她坦言,現任男朋友更加直接地告訴她:「如果你跟我做愛還是沒有高潮,我想我們的關係就沒有必要繼續下去了。」這讓她感到非常大的壓力,也讓她開始懷疑自己是不是「有問題」。她低聲說:「我真的不想再失去這段關係了。」

聽完她的故事後,我就像看到當初對性一無所知的自己,在性生活中從未得到歡愉,然後怪責自己。其實這樣不單單是她和我兩個人的問題,而是很多女性都會面對的情境。

從小很多女生就被教導要「乖」,對性這種話題保持沉默。別說了解自己的身體了,就連「陰蒂」這兩個字,可能有些人長大後都沒聽過。當我們的成長環境從來不教我們如何探索自己的身體,甚至把性快感看成是「羞恥」的時候,女性自然會對自己怎樣能得到快感感到陌生,甚至覺得這是禁忌。於是,當她們在性愛中無法達到高潮時,腦子裡第一個念頭就是:「是不是我有問題?」更糟糕的是,很多男性也會在無意中把這種壓力加到女

性身上。他們會覺得，女性的高潮是自己「技巧」的體現，是自己性能力的證明。所以，當女性無法高潮時，有些男性會感到挫敗，甚至會直接把責任推給女性：「是不是妳不夠放鬆？是不是妳不正常？」這些話，聽著是不是很熟悉？它們往往像一把刀，狠狠地插在女性的自尊心上。

也是因為這樣，很多女性都會選擇假裝高潮。

為甚麼？因為這樣簡單得多！

我們性文化以男性的高潮為中心，而男性對於自己男子氣概又是「自己是否能夠令女方高潮」為量度標準：如果她們達不到高潮，可能會讓男伴覺得自己不行，被質疑是性冷感，甚至會讓整段關係變得尷尬。

所以，為了避免這一連串因沒有高潮而引發的關係危機，很多女性選擇假裝高潮。

面對對方不停問你「你爽嗎？」「我是不是很厲害？」的問題，在床上扮著AV女優賣力地叫「揭麼滋～」「Yes YES Yes~」「快點快點～很厲害呀你～」的女生，真正享受的人到底有幾多個呢？

但你知道嗎，假裝高潮可以是一種惡性循環。

當一方為了迎合對方、不傷對方的自尊「扮演」高潮，而不是根據自己真實感受來作出反應，對方亦誤以為自己的方式是正確，於是繼續用同樣的方式進行。演開了就越來越難坦承自己的真實感受，唯有繼續一直演下去，直到性愛變成一場充滿誤解與痛苦的「演出」。

這種情況其實也發生在那位女士的身上。她告訴我，她也曾經在某一位前男友面前假裝高潮，但每次做完之後，她心裡都覺得很空虛。「我明明不開心，但我還要裝作很開心，這種感覺真的很難受。」

聽完她的故事後，我首先安慰她，告訴她：「妳的經歷其實並不罕見，很多女性都與妳有相似的困惑。這並不是妳的錯。」在進一步的交流中，我發現她對自己的身體非常陌生，甚至連陰蒂的位置和功能都不清楚。這讓我意識到，問題並不僅僅是她和伴侶缺乏溝通，而是她自己也從未有機會真正了解自己的身體。我開始向她講解女性身體構造的基本知識，特別是陰蒂的作用。很多人以為女性的高潮主要源於陰道，但事實上，陰蒂

才是女性性快感的主要來源。

我向她推薦了一款雙頭震動器,並建議她在沒有壓力和一個人的環境下,嘗試用這個玩具進行自我探索。「妳需要先了解自己的身體,知道甚麼可以令妳感到愉悅。只有當妳能掌控自己的快感時,妳才有可能在性行為中找到真正的滿足。」我這樣對她說。

大約兩個星期後,她再次預約來訪。這次見到她時,我立刻注意到她的氣質發生了巨大改變。她看起來比上次更加自信,整個人散發著輕鬆與愉快的氣場。

她一見到我,便笑著說:「我終於有了人生中的第一次高潮!」她的聲音中帶著激動與欣喜,讓我也不禁為她感到高興。那是我第一次看到自己的分享在另一個人身上作出了正面改變。

●●**快感地圖與情感動態**●●

她分享了這兩週的經歷。第一次使用震動器時,她

花了很長時間才讓自己完全放鬆，但當她真正感受到快感的那一刻，她感到前所未有的釋放與滿足。她還告訴我，她開始意識到，自己的身體需要更多的前戲和外部刺激才能達到高潮，活了三十八年終於發現了自己的快感地圖。

她能從自我探索中得到高潮我當然都為她感到高興，但她和男友這段關係還有另一個隱憂，就是男友把自己的挫敗感怪責於她。那時候我沒有很多為人解憂的經驗，但本能地我就鼓勵她下一步和男朋友進行坦誠的溝通，將自己的探索過程與心得分享給對方：「當你願意把這些事情說出來的時候，他才真正明白，原來過去的問題並不是你的錯，而是因為你和他都缺乏對你身體的了解。」

後來她真的鼓起勇氣，把自己探索身體時發現的點子都跟男友分享。男友亦慢慢明白到原來她的歡愉是兩個人一起交流才能辦到的事，而不只是他個人性能力的成果。

在那位女士身上，我第一次開始思考我們為甚麼對

高潮有如此執著的追求。是因為我們真的想享受性愛，還是因為我們害怕失敗？害怕讓對方失望？或者害怕被認為「不夠好」？

在這之前，我一直以為性愛中的高潮是一個可以用工具和技術輕易解決的問題。但她的經歷讓我第一次意識到，高潮的缺席，往往不僅僅是身體的問題，更深層的，是兩個人之間的情感動態（couple dynamic）在起作用。

她的故事啟發了我，看問題背後更深層的起因。當人們在性愛中遇到困難時，往往不是單純的生理挑戰，而是她和伴侶之間的互動、她對自己的認知，以及她如何看待性愛這件事的綜合結果。

從那天起，我不再只是單純地回答「怎麼樣才能達到高潮」這樣的問題，而是試著去了解每一位顧客的成長背景，他們的疑惑，他們的關係，甚至是他們對自己和彼此的期望。我開始學會去傾聽，去詢問，去引導他們反思：這個問題的背後，他們真正需要的是甚麼？

08

她堅持生命的親密自主

　　2014 年時我在澳門成人博覽會擺了一個攤位，希望讓更多對性有興趣的人藉此認識我們。因為我們展示的產品都是設計精美，優雅大方，看起來一點也不像那些傳統又像真的性玩具，所以擺攤那兩天人聲鼎沸，客人絡繹不絕。展覽的第二天下午，一位穿著白色吊帶衫和低腰牛仔褲的女人停在了我的攤位前。她看起來 27、8 歲，一頭很短的短髮，皮膚帶點古銅色，眼上畫了一條貓型眼線，眼神明亮而堅定。她低頭翻看桌上的商品時，我不經意瞥見她胸前露出一道淡淡的疤痕，像是手術留下的痕跡。她沒有刻意遮蓋著疤痕，就像是在告訴世界，我不感到羞恥。

　　她指著一款伴侶共震器，抬起頭用一種平靜而好奇的語氣問道：「這是兩個人一起玩的嗎？」

　　我微笑著回應：「是的，這個 C 型設計的玩具是全球首創，大的一端在外陰，能刺激陰蒂，小的一端放在陰道內，然後陰莖在進入時就能把這一端推上 G 點，你

和他都能感受到刺激。」

她輕輕一笑,望一望身後的老公,然後再堅定地看著我說:「我要一個!」

「好!我拿新的給你!」我跪下來在桌下尋找新的。

她伸頭過來,在我頭頂上輕聲說:「但我之前患了乳癌,做完化療後,這大半年陰道都很乾。用這個玩具會不會痛?」她說得平靜,我卻愣了一下,腦中閃過:「原來那是乳癌手術後的疤痕…」我跪著在桌下找產品,手頓了頓,但很快回神,站起來說:「我們有陰道適用的潤滑液,配合玩具一起用,會舒服一點。但這次展覽沒有帶來,回到香港後,你來找我們吧!」

●●面對死亡,親密依然值得追求●●

回港一星期後,她真的來了中環店買潤滑液。「記得我嗎?」她一進門便問。

「記得!我記得你,老實說,還有那道疤痕。」這

是我人生第一次遇到癌症康復者，26歲的我沒想到原來那麼年輕都會患癌。

她低頭摸了摸胸前的疤痕，笑了笑：「剛開始很難接受，覺得自己不像女人了。我以前很害羞，從不敢探索性愛，但知道自己得了乳癌後，我突然明白，沒甚麼比死亡更大。我隨時都可能會離開，我要趁我還在用盡每一刻，嘗試我一直想試，一直想做的事，所以那天我拉著老公去澳門看成人展覽，以前的我一定不夠膽子去。」

那天，她在店內留了很久，分享了她的故事。她說，以前她對性愛充滿羞怯，從不敢主動提起，甚至覺得探索這些是「不正經」的。結婚兩年，她和丈夫的親密生活平淡而機械，她從沒想過改變。但癌症改變了一切。那道疤痕讓她面對自己的情慾，當她意識到死亡隨時可能來臨，她決定不再壓抑自己。「我知道死亡離我很近，隨時都可能離開，所以我想趁還能活著的時候，和丈夫盡量探索親密。」」

大多數人提到癌症時，語氣總帶著沉重，但她卻說得如此平靜，甚至帶著一絲急切。她的態度溫柔卻堅強，

似乎在用這種方式抓住生命。我忍不住問道：「康復後的性愛怎麼樣？」

「敏感度沒以前那麼敏感，但我老公一直陪伴我」她說，聲音中帶著柔情，「化療後第一次親密時，我很緊張，怕他嫌棄我。但他很小心，還笨拙地把潤滑液漏到被鋪上，逗得我笑了出來。那一刻，我覺得我們還是完整的。」

她告訴我，她喜歡丈夫抱著她的感覺。化療讓她的皮膚變得乾燥，有時摸起來甚至會痛，但她不想讓丈夫覺得她脆弱，所以她每天都會為全身皮膚塗滿潤膚乳液。「我想和他多點親近，多點親密。」她買那伴侶共震器，是希望可以重拾性興奮，同時他們都能一同享受。「他說只要我喜歡，我舒服，他就願意試。」她笑著說。

從那天起，她成了我的常客。兩年來，她恆常地會來店買潤滑液，偶爾也會挑選不同的新款玩具，每次都帶著笑容。她說玩具讓她和丈夫找回了親密的樂趣，也讓她重新覺得自己是個完整的女人。她會聊起丈夫——

他怎麼陪她去檢查，怎麼在她虛弱時為她煮湯。她說，這些親密時光，是她生命中最珍貴的部分，因為她知道，每一次擁抱都可能是最後一次。

兩年後，她的癌症復發了。她再次來到店裡時，頭髮變得稀疏，頭上帶了一塊頭巾，臉色更蒼白，但眼神依然明亮。她告訴我，醫生建議再次化療，但她猶豫了很久。「我不想再經歷那些痛苦。」她說，「我不怕死，但我還是接受化療，因為我想多陪他一會兒，多感受一點。」

即使在化療期間，精神一點時她依然帶著頭巾和口罩來店裡，挑選產品。

「化療期間要多休息，不要為了覺得要做妻子的責任就勉強自己親密。你丈夫會理解的，就算你不做，他也不會怪你。」我苦口婆心跟她說。

「死亡就在我身邊。」她柔弱地輕聲說道，「但我不想只是坐著等它來。和他親密的時候，是我唯一不覺得自己只是個病人，而是個女人。」她拿起一瓶新的潤滑劑，笑了笑說：「上次那款他嫌太黏，這次試試這個。」

●●親密是對抗死亡的方式●●

她的勇氣讓我動容。她用行動告訴我，親密是她對抗死亡的方式。即使身體虛弱，她依然渴望丈夫的擁抱，依然想和他一起探索。她說，有時他會抱著她睡一整晚，即使她因為化療沒力氣回應，她也能從他的體溫中感受到溫暖。

有一天，我在臨睡前突然想到她。那時我已有一陣子沒見到她，心裡湧起一股不安的預感。我的直覺告訴我，她可能已經離開了。我立刻下床拿手機出來翻開她的 Facebook，發現她的老公發文說她兩天前去世了。她的最後一篇貼文是她丈夫發出一張二人的照片，配文寫著：「說了再見便會再見。」

我呆坐了許久，眼淚不知不覺滑落。她走了，但她的故事留在了我的心裡。那道疤痕、那款伴侶共震器、那瓶潤滑劑，都是她不向死亡低頭的證明。

我在銷售系統內，打開她最後一張訂單，看著她的名字，心中默默對她說：「謝謝你，讓我學會了面對死亡，

我們仍可以在最親密的生活中得到自主。」

　　人們總以為，病痛會讓人失去欲望，因為身體的虛弱似乎與性愛的活力相矛盾。在我們的社會中，人們常常認為患病的人，尤其是癌症患者，不會有性慾，甚至不應該有這種需求，彷彿疾病會剝奪一個人的完整性，將他們框定為病人。生命只剩治療和生存，欲望和快樂無處容身。這種偏見不僅出現在旁觀者的目光中，甚至連患者自己也可能被社會的期待壓抑，覺得探索性愛是不合時宜，甚至是「不合常理」的。

　　然而，她用兩年的行動證明，疾病並未熄滅她的性慾，反而點燃了她對親密的渴望。她曾說，死亡離她很近，正因如此，她更要抓緊時間去愛、去感受。她從一個羞於談論性愛的女人，變成一個勇敢走進我的攤位、挑選玩具的女人，因為她明白，生命有限，而親密是她與丈夫連結的最真實方式。癌症拿走了她的健康，但給了她勇氣，讓她不再被羞恥束縛，反而去追求屬於自己的快樂。

　　性慾不是健康的專利，而是人性的一部分。她沒有

她用行動告訴我,親密是她對抗死亡的方式。即使身體虛弱,她依然渴望丈夫的擁抱,依然想和他一起探索。

因為癌症而退縮，反而用震動器和潤滑液，與丈夫一起探索新的親密方式。她說，每一次觸碰都讓她覺得自己還活著，這種感覺比任何藥物都珍貴。在人們眼裡，癌症患者或許應該安靜地等待結局，但她卻自主地在人生最後一段路，盡情地探索情慾。她的性慾不是恥辱，而是對死亡的抵抗，是對生命的肯定。

我很慶幸遇見你，在你最自主的歲月裡，陪你走了一程。你讓我明白，即使面對死亡，親密和欲望依然有存在的價值，因為它們是人性中最真實的光芒。

因為癌症而退縮，反而用震動器和潤滑液，與丈夫一起探索新的親密方式。她說，每一次觸碰都讓她覺得自己還活著，這種感覺比任何藥物都珍貴。在人們眼裡，癌症患者或許應該安靜地等待結局，但她卻自主地在人生最後一段路，盡情地探索情慾。她的性慾不是恥辱，而是對死亡的抵抗，是對生命的肯定。

我很慶幸遇見你，在你最自主的歲月裡，陪你走了一程。你讓我明白，即使面對死亡，親密和欲望依然有存在的價值，因為它們是人性中最真實的光芒。

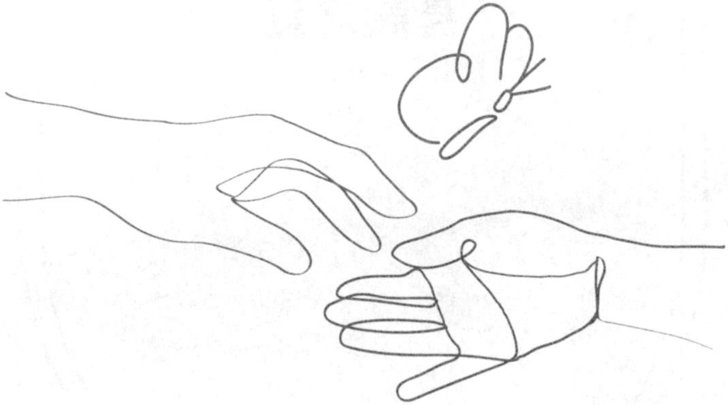

II
身體之謎

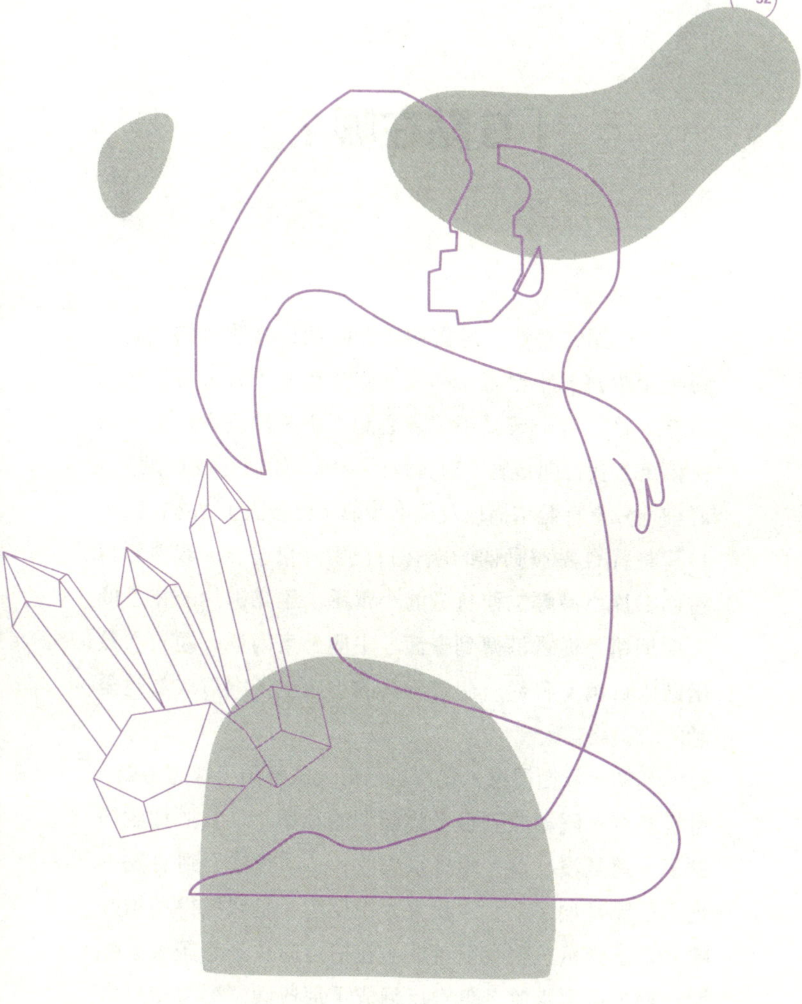

01

「G 點在哪？」

「G 點在哪？」是當初開業時我最常收到的問題，每天至少答二十至三十多次。半年下來，我答得像個錄音機，終於有一天受不了，心想：不如拍個影片，一次過搞定？我打開電腦，對著鏡頭講解「如何尋找 G 點」，詳細地分享身體結構以及探索步驟，然後丟上 YouTube，打算讓買 G 點震動器的顧客自己看，自己試。我原意視這個影片為減輕工作負擔的小幫手，誰知影片一夜之間火遍網絡，從香港傳到臺灣、中國、東南亞，觀看次數衝破兩百萬。我從一個賣玩具的小店主，突然成為性愛話題的網絡紅人。

起初，我挺得意，覺得自己幫大家解鎖了快感密碼。可沒多久，陸續收到很多這類型的私訊：「我照你說的試了，還是沒高潮，感覺很失敗。」「我找不到 G 點，是不是哪裡壞了？」「我太太沒反應，是我做得不夠好嗎？」這些私訊讓我很苦惱。我拍這影片是想讓大家輕鬆一點去探索身體，怎麼反倒成了那些觀眾壓力和焦慮

來源？我的影片瘋傳了，那些私訊卻像一堆投訴信，大家因為沒找到高潮而垂頭喪氣。我還以為自己在教技巧，沒想到反倒給他們加了壓力，把 G 點高潮變成了必須達成的任務。我百思不解，直到一個午後，和一對年老夫婦的對話，點醒了我。

那是一個陽光懶散的週末，一對六十多歲的夫婦走進店裡。他們滿頭白髮，手牽手，對望時雙眼還是甜蜜蜜的。他們說想看看有甚麼玩具能「添點樂趣」。我熱情介紹，還順口說：「我那個教尋找 G 點的影片可以幫你們上手！」太太笑著搖頭：「我們看過了，但我們不是來找那個的。」我好奇問：「那你們想找甚麼？」先生哈哈一笑：「我們這把年紀，做愛不是為了高潮，是為了那種感覺。」

●●我們需要的是高潮，以及？●●

「甚麼感覺？」我好奇問。太太接話：「我們結婚快四十年了，年輕時也追過高潮，但現在啊，性愛對我來說，是追求那份做完後的感覺，很親密的感覺。」先生點頭說：「對啊，有時做到一半就累了，笑一場就睡覺，不用一定要射精，不一定要高潮，可還是覺得挺開心。」他們的語氣輕鬆，像在聊周末計劃。我問：「那你們不覺得沒高潮少了甚麼？」太太說：「不會啊，我們想要的是知道彼此還在身邊。」這句話瞬間炸開了我的思路：他們要的不是高潮，而是親密的陪伴感！

性愛不只是身體的碰撞，而是情感、意圖與渴望的交織。這對老夫老妻讓我看到，當人們說想「獲得或給予高潮」，他們其實在說：我想被愛、被連結、被認可，或許是尋求釋放、掌控，甚至一點叛逆。高潮只是這些核心渴望的一種表達，但遠非唯一途徑。他們不是想要高潮，而是想在歲月中守住彼此。這想法點燃了我對其他顧客的回憶，慢慢拼出一個新發現：大多數人要的，

不是高潮,而是它承載的「更多」。

　　自此當遇到想追求高潮的客人,我都會再了解他背後到底想要甚麼。就好像我從前遇過的 Maggie,她跟男友三年,感情不錯,但性生活總覺得欠了甚麼。她買了G點玩具想試我教的方法,可試來試去沒感覺。她說:「我怕自己不行,怕他失望。」我問她為甚麼怕他失望,她說:「能夠跟他一起高潮,我會感到跟他更親近,覺得他在乎我。」她要的不是高潮,而是被重視的感覺。

　　又好像有位大學生 Anna 也來過。她說,每次跟男友親密,即使達到了,她還是覺得沒意思。她問我:「為甚麼我有了還是開心不起來?」我問她做愛時到底想要甚麼,她說:「我想他看著我時,像真的在看我,不是在等結果。」她要的不是高潮,而是被看見的感覺。

　　還有一次,一位四十多歲的太太說,她不常有高潮,但很喜歡性愛後的擁抱和聊天。先生一直在努力讓她高潮,覺得那是他的任務。我問太太:「高潮重要嗎?」她說:「我想要的是跟他在一起的感覺。」對太太來說,她想要的是伴侶專注而不分心的陪伴時間。

●●不以高潮論成敗●●

　　回想我自己的旅程,年輕時,我以為性愛的意義在於滿足伴侶,直到老公送了我一台震動器讓我發現快感的自主。那一刻的高潮確實美好,但更珍貴的是它帶來的自由與自我認同。這啟發我開店、拍片,但我最初的教學方向錯了。雜誌把高潮說成是是必修課,色情片把它定義為大結局,朋友聊天也愛問「你有沒有」。沒達到,就被貼上「失敗」的標籤,這壓力讓人質疑自己。我的影片無意中成了這壓力的幫兇,讓人們認為性愛是必須「得分」的競賽。

　　性愛不是目標為本的運動,高潮與否不是成敗的標準。人們需要的不是高潮的路線圖,而是探索內心渴望的空間。

　　若我們不再將高潮視為性愛的終極目標,而是專注於內心的渴望,會發生甚麼?壓力會消散,親密會變得更自然。當我們想做愛前,問一問自己:「我想感覺甚麼?」它可能是連結、親近、重視或溫暖,每個人想要

性愛不是目標為本的運動,高潮與否不是成敗的標準。人們需要的不是高潮的路線圖,而是探索內心渴望的空間。

的感覺都不一樣,達到這些感覺的途徑四通八達,高潮只是個選項,不是唯一的方法。抱持著這種心態和探索的方法就能為性愛帶來更多可能性。

02

不敢照鏡的她

在店內,我經常聽到女生站在性感內衣前說:「我都很想穿,但我很肥,穿不下!」也有些會說:「我的胸部很小,沒有身材,穿都穿得不好看。」這些話像隨手拋出的石頭,卻在我心裡激起漣漪。我總是笑著鼓勵她們試試,但我也明白,這不只是衣服合不合身的問題,而是她們和曾經的我一樣,都不知道怎麼跟自己的身體相處。

因為我自己都經歷過,花了很多日子才和身體和好,為了讓其他人都可以有個契機與身體和解,我們以親密內衣造型指導的角度出發,提供一對一的試身服務,在試身過程中加入身體自愛練習,讓客人以不同的角度欣賞身體。

有一天,一位三十歲的女性預約了我們的試身服務,想試穿內衣。她一進店便顯得緊張,走進試衣間前問我:「試衣室裡有沒有鏡子?」我說有,她勉強點了頭進去。但當她脫下衣服站在鏡子前,她隨即哭了起來。我輕輕

問她怎麼了,她哽咽著說:「我十幾年沒照鏡子了,我不敢面對它。」那一刻,我沉默著,感受到她的痛有多深,也想起自己曾有的無奈。

●●總是找自己的缺點●●

她告訴我,自從十幾歲被同學嘲笑身材後,她就不再照鏡子。每次去服裝店試衣服,她一進試衣間便立刻背對鏡子,匆匆試穿後離開。我問:「那你怎麼知道衣服穿起來如何?」她說:「我只敢穿黑色寬鬆衣服,穿甚麼都差不多。」我再問:「你想穿其他顏色嗎?」她低聲說:「想,但我不敢。我不想讓別人看到我,不想聽到他們的評論。」她穿黑色,是為了把自己隱藏起來。這句話讓我心裡一陣酸楚,因為我也曾如此。

她的故事像一面鏡子,映照出我過去的影子。我也曾不喜歡自己的身體。每次照鏡子,我總像在找缺點:腰上的贅肉、副乳、粗壯的手臂,總覺得甚麼都不滿意。

她的哭聲把我拉回那些討厭自己的日子，讓我想起自己是如何一步步陷入身體焦慮的深淵。

花了十五年提倡自愛的我，其實從十幾歲起就背負著身體焦慮，時不時就會發作。小時候，家人給我取了個花名「大舊飯」，因為比起妹妹，我確實顯得高大。中學時，我是全級最高的女生，總覺得自己格格不入。有一次，坐在我後面的男同學說我是「一座山」，擋住他看黑板。這句話深深刻進我的腦海，從此我總希望自己能小一點，很怕顯得太過高大。到了大學，我認識了前男友，他常說我胖。那時我只有130磅，對一個5尺7寸的人來說，其實是均衡的身材。但日復一日的評論，讓我越來越討厭自己的身體。我討厭它的高度、腰上的肉、那讓我看起來豐滿的臀部，也討厭自己不像模特兒那樣瘦削。

自此，我開始了長達二十年的減肥之路。我試過各種節食方法，甚至瘋狂運動，每天跳繩上千下，游泳兩三小時，只想讓自己「好看一點」。但即使瘦了40磅，每次照鏡子，我還是覺得不滿意。在我眼裡，腰上仍有

贅肉、胸旁副乳、手臂仍太粗壯。看到喜歡的衣服或內衣，我總說：「等我瘦了再買來穿。」可是，即使體重減輕，我還是沒勇氣買，因為我覺得自己的身體永遠不理想、不值得、不配穿喜歡的東西。那時，我視身體為負擔，一個令人煩惱的存在。

我花了很長的時間去面對這些焦慮，一開始我以為解決之道是「愛自己」，但後來發現，接納身體並不需要強迫自己愛它。對我來說，接納並非覺得「我很漂亮、我很完美」，而是找到一種與身體舒適相處的方式。這種舒適，不是每天照鏡子都要讚美自己，而是能平靜接受它的不完美，不因這些缺點懲罰自己。

●●梳理身體焦慮，你可以選擇●●

接納身體不是單純的心態改變，而是需要每日努力的練習。身體焦慮像「焦慮」或「抑鬱」一樣，時常會浮現。我們無法完全阻止它出現，但當我察覺它像一粒

種子開始發芽時，可以探究它的根源從何而來。

　　現在我站在鏡前，看到腰上的贅肉，第一個念頭仍是「我太胖了」。但我不會急著減肥，而是停下來，想了想：為甚麼我要因這塊肉討厭自己？這粒種子從哪來？也許是過去試衣時的不安，也許是某次聽到的批評。明白根源後，我問自己：我要不要滋養這粒幼芽？如果我選擇不去理會、不放大它，這些想法就會慢慢枯萎。我不需要愛它，但可以不讓它主宰我的心情。

　　當然，身體焦慮經常都會再次出現。但多練習覺察與放下，我就像農夫般熟能生巧，每次梳理都更有進步。慢慢地，我不再害怕那些種子。身體亦不再是敵人，而是可以共存的伙伴。

　　那位怕照鏡子的女生哭著說：「都沒有人會欣賞我，我都沒有理由穿這些內衣。我都不知道為甚麼要預約試身。」我輕聲問：「你喜歡這件內衣嗎？」她點頭。我說：「那就試試吧，不是為了別人，而是為了你自己。」她猶豫許久，終於穿上。雖然她還是低著頭，不敢看鏡子，但我看到她嘴角微微上揚。那一刻，她很美，不是因為

身材，也不是因為內衣的點綴，而是因為她勇敢了一秒。

　　我不想她帶著眼淚離開，於是問她願不願意試一個「鏡子練習」。我告訴她，這是我從書中學來的練習，不是要她立刻愛上外表，而是與鏡中的自己和平相處。我請她站在鏡前，先閉上眼，不用急著看自己，感受呼吸。我說：「你的身體每天陪你呼吸，帶你走路、吃飯、睡覺。你能不能謝謝它陪伴你這麼多日子？」她點頭，眼淚還在，但她說感覺有些不同。

　　然後，我請她慢慢睜眼，不用盯著身材，而是想想身體做過的事。我問：「你的手幫你寫過字、拿過東西，你的腳帶你去過哪裡？」她低聲說：「我的腳走過很多路，去過旅行，和朋友一起跑步。」我說：「你的身體不只是外表，它還是你的夥伴，陪你經歷許多。」她望著鏡子沉默片刻，說：「我從沒這樣想過。」她的話讓我想起，自己也曾困在「不夠好」的牢籠裡，直到換個角度看，才慢慢走出來。我說：「這就是開始，不是要立刻覺得身體漂亮，她陪了你這麼多，感謝身體的陪伴和付出就好了。」

　　我邀請她說一兩句感謝身體的話。她說：「謝謝我

這雙腳,陪我走了這麼多路。謝謝我這雙手,幫我拿了這麼多東西。」「感覺怎麼樣?」我問。她笑了笑,說:「感覺很怪,但有點舒服。」

●●讓身體焦慮自然枯萎●●

我告訴她,這種練習不是要立刻解決所有問題,而是每天給自己一點空間與身體對話,慢慢找到舒適的相處方式。

幾週後,她告訴我,她開始在家試著照鏡子,雖然還緊張,但會說:「謝謝你陪了我這麼久。」她甚至第一次穿了件深藍色上衣出門,雖然有些忐忑,但她說感覺像給了自己一個小獎賞。我聽到很開心,因為這些小步是她和我的進步。接納是個過程,我們不需要愛自己的每個缺點,但我想與它們和平共處。

她的眼淚,和我曾經的自我否定,讓我明白,身體焦慮其實是學來的,沒有人天生就帶著它。小時候,我

們不會因為腰粗或手臂粗而煩惱,是後來的生活教會我們用苛刻的眼光看自己。但既然它是學來的,我們也可以忘卻所學。當身體焦慮像種子般發芽時,我們可以覺察它,選擇不滋養它,讓它自然枯萎。

討厭身體不是一天養成的,接納它也不是一天能做到。鏡子裡的你,可能有贅肉、有疤痕,但它陪你走過路、經歷過痛、分享過笑聲。或許你也可以試試,站在鏡前,在每一次練習中對自己許下溫柔的承諾 ,練習不為外表評分,而是從它為你做過的付出,陪伴一起走過的經歷來肯定它。

當身體焦慮像種子般發芽時，我們可以覺察它，選擇不滋養它，讓它自然枯萎。

03

大小的焦慮

男人最常見的問題,就是很喜歡與人比較自己的陰莖大小和長度,甚至在毫無必要的情況下,也要炫耀或「解釋」自己的尺寸。這不是甚麼新鮮事,但每次聽到這些故事,我還是覺得既好笑又無奈。第一次真正讓我意識到這點,是我人生中第一個脫下褲子給我看的男人。他當時對我說:「我這叫做『小而精鋼』。」

他說這話時,語氣帶著一點自豪,像在展示甚麼珍藏品,但又有些心虛,像是怕我聽完會失望。那一刻,我完全摸不著頭腦,因為當時的我毫無性經驗,根本沒有比較的基準。我從沒見過另一條陰莖,怎麼知道他口中的「小」是真是假?

脫下褲子時他說了一次,進入前他又說了一次,完事後他還不忘再提一次。我聽了三遍,心裡開始想:為甚麼他要那麼在意地重申?天真的我當時還未明白,他一次又一次提起,不是為了炫耀,而是焦慮和自卑在作祟。他彷彿要先發制人,搶在我評頭論足前,自己先定

調,避免我質疑他的「男子氣概」。可是,我回想當初第一次見到他的陰莖時,打從心底裡根本未曾想過以尺寸去評價他。

●●死都要 XL ●●

這種焦慮,我在店裡見得更多。開店多年,最能窺探男人內心的產品,莫過於安全套。每週都有男人前來購買,有人關注安全性,詢問:「使用時會不會破裂?」有人在意舒適度,擔心:「戴上後會不會降低敏感度?」但更多的是著緊陰莖大小是否符合「社會」期望,彷彿安全套盒上的尺寸標籤,直接量度他們的價值。

有次,一位三十歲左右的男人走進來,穿著整齊的襯衫和西褲,像剛下班的白領。他說要買安全套,我一如既往專業地問:「請問您需要甚麼尺寸?」他眼睛放大了一下,提高了聲音,語氣裡帶著一點自豪:「當然是加大碼!」為免他買了不合適的尺碼,我就輕聲確認:

「先生，我們售賣的是歐美進口的加大碼，比日本品牌的尺碼大很多，要不要先看一看這個尺寸表，選一款適合你的。」

這句話似乎觸碰了他那根敏感的神經。「當然是加大碼！還有甚麼好看的！」他語氣裡多了一絲惱怒，像是怕我懷疑他的尺寸。他拿起寫著 XL 加大碼的安全套盒子，要求馬上結帳，然後怒氣衝衝地離開。

幾天後，我在 Instagram 收到他的私訊：「想買事後丸，你們有沒有賣？」細問之下，原來他使用了那個加大碼安全套，確實因尺寸太鬆而不合身，但他仍勉強使用，結果射精時精液溢出，嚇壞了女友，他自己也擔心要當爸爸了。

這種情景並不罕見。我開始明白，男人對陰莖大小的焦慮，不僅是個人問題，更是文化塑造的結果。在許多文化中，電影、電視、廣告，甚至社交媒體，都將陰莖大小與「陽剛氣概」或「性能力」聯繫起來，將「大」與「好」畫上等號。小時候看過的荷里活電影，總暗示

男主角的魅力與尺寸相關；色情片更誇張，將尺寸放大到不真實的地步。我們被潛移默化地教導，陰莖大小是自我價值的一部分，是吸引伴侶、在群體中確立地位的象徵。久而久之，我們都開始認為，若尺寸不夠大，便等於不夠「男人」。我那位前男友的「小而精鋼」，以及那位加大碼男士的怒氣，背後或許都藏著成長中的陰影。或許在更衣室洗澡時聽過同伴的笑聲，或許在廁所無意間瞥見他人，這些無心的比較成為心頭的刺。男性在青春期尤易因身體比較而感到自卑，尤其在更衣室這類公開場合，一句隨口的「你很小啊！」可能伴隨他們一生。我前男友每次脫下褲子時都強調自己是「小而精鋼」，眼底的不安，彷彿在與小時候的自己對話，而非與我交流。

●●各式的男性焦慮●●

　　在店裡，還有一個故事讓我印象深刻。有位女士來店裡閒聊，笑著問我：「我男友每次做愛都要問：『我是不是很大？』我答『很大啊！』，他就繼續。到中途他又問：『我大不大？』我只好再答『大！很大！』。到他快射精時，還要我一直喊『很大！很大！很大！』你說是不是很奇怪？以前的男友從不會這樣問。」我聽後忍不住笑，但笑過之後卻感到一絲唏噓。我猜想，這位男友可能曾聽過別人評論他的尺寸較小，因而依賴她的讚美來重建自信。他問的不是尺寸，而是自我認同。

　　這些行為千奇百怪，但根源卻相同：對身體的不安全感。我前男友的「小而精鋼」像一道自我安慰的咒語；加大碼男士的怒氣像一層掩蓋自卑的盔甲；那位要求喊「很大」的男友，則是用別人的聲音證明自己。他們都因為不安，而產生了焦慮；因為焦慮引發與自己的身體交戰，並將戰場轉移到伴侶身上。

安全套成為這些焦慮的照妖鏡。有一天,一位二十多歲的年輕人走進來,低聲問:「有沒有小碼安全套?」我帶他到貨架前,拿出幾款日本品牌的小碼產品給他看。有趣的是,品牌或廠商都會稱呼小碼的安全套為「緊貼式」,從來都不會標示一個「小」字在包裝上,以免傷了男士的自尊,亦確保能增加售出的機會。

他低頭拿著盒子,聲音細得幾乎聽不見:「我不是很大⋯⋯用普通碼會鬆⋯⋯」我溫和地回應:「每個人都不一樣,選擇適合自己的最舒服。這個碼很多人用,不用擔心。」

他點點頭,買了一盒,走時輕聲說了句「謝謝」,像是卸下了一個包袱。比起加大碼男士的硬撐,這位年輕人的坦誠,讓我覺得他有一種難得的勇氣。

陰莖小有其煩惱,陰莖大同樣有難處,找不到合適的安全套便是其中之一。有一位德國客人,二十年前公司派他來香港工作,自此長居於此。他曾說,香港甚麼都好,唯獨難覓適合他尺碼的安全套。每逢回柏林探親,他總預留半個行李箱空間,帶回一盒又一盒的安全套,

足夠一年使用。正因如此,我引入了歐美品牌的加大碼安全套,讓他不必再自行運貨,也確保他能享有安全的性行為。陰莖大的另一煩惱是進入困難。我有一位非裔美國人朋友,在香港與一位本地女生交往,二人深愛彼此,已談及婚嫁。男方身高六尺,陰莖粗長;而女方僅五尺四寸,身材嬌小。情濃時欲與對方親熱,即使他粗長且持久——堪稱許多香港男士夢寐以求的特質——卻無法順利成事。他的陰莖與女友的陰道尺寸不匹配,每次進入皆令女方感到疼痛。兩個人相愛但不能做愛,苦無對策。我們常幻想陰莖大、長、持久便能解決一切問題,但實際上,也有人因此在性事上面臨困境。

男人的這種焦慮與女性的身體焦慮其實頗為相似。女人擔心身形不夠苗條,男人擔心尺寸不夠大,都是社會加諸的枷鎖。文化教導我們,男人要大才算男人,女人要瘦才算女人,但這些標準與快樂有多少關聯?安全套的尺寸表,只測量橡膠,而非人的價值。我希望這些男人明白,陰莖有諸多面向—大小僅是其一,還有形狀、顏色、質感、

氣味，皆構成其立體的存在，我們能以更寬廣的心態去認識與欣賞，而非僅以「大」或「小」抹殺其可能性。同樣地，一個男人的價值都不應被單一特質定義，更加不應僅由陰莖大小定義，真正的「男子氣概」，不在尺寸，而在坦白了解自己，坦誠接納自己的勇氣。

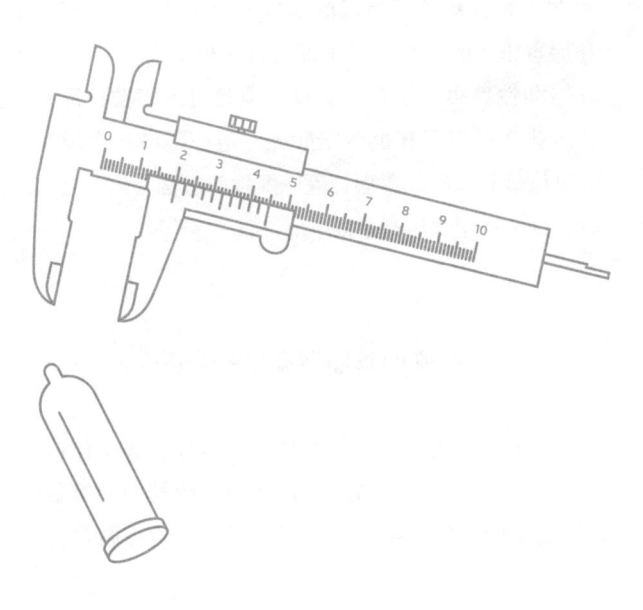

04
我討厭我的陰唇

　　2021 年，我和朋友們策劃了一場名為《Dear Labia》的展覽，一個以「陰部與女性性歡愉」為主題的實驗藝術活動。我們通過藝術，試圖打破圍繞女性身體的禁忌，幫助人們重新認識自己的陰部，學會欣賞它、接納它。在展覽中，我們舉辦了陰部石膏倒模工作坊，邀請 30 位本地女性參與，用石膏記錄下她們陰部的獨特形態，並將這些作品展示在展覽空間裡。這些陰部石膏模型承載著每位參與者的故事與經歷，讓陰部這個「看不見的詞」被看見、被記錄、被承認。

●●妳的陰部不需要被修正●●

　　幾年前，我受邀到一所高中舉辦性教育工作坊。我帶著學生們討論身體構造，教他們正確的解剖學名稱，並鼓勵他們用開放和尊重的態度與自己的身體對話。當

課堂結束後，一位十五歲的女孩悄悄走到我身邊，小聲說了一句讓我至今難以忘懷的話：「老師！我現在正存錢，等我 18 歲的時候去做陰唇手術，把它修小一點！」

聽到一個十五歲女孩堅決地說要做陰唇手術，我有點被嚇到，輕聲問她：「為甚麼妳會想做這手術？」

她臉紅紅地小聲回答：「因為我的陰唇太大了，比我在網上看到的那些都大。我覺得很醜，應該是有問題的。」

「妳在網上看到的，是指甚麼呢？」我小心翼翼地問。

她猶豫了一下，然後說：「就是……在 A 片裡看到的。那些女生的陰部看起來都很小很粉紅，可是我的不一樣。」

她才十五歲，卻已經對自己的身體產生了這麼深的自卑和羞恥感，甚至計劃通過手術來「修正」自己的陰部。我花了一個小時的時間，和這位女孩聊了很多。我告訴她，A 片中的陰部並不是「正常」的標準，那些影像經過了精心挑選，甚至在某些情況下，演員還會進行手術來改變她們的外觀。我還告訴她，陰部的多樣性是自然且美麗的，沒有一個陰部是「錯誤的」。

「妳的陰部不需要被修正，」我對她說，「它是妳的一部分，它是獨一無二的。」

她看著我，眼神中有些疑惑，但慢慢點了點頭，輕聲說：「從來沒有人這樣告訴過我。」

這句話讓我深感痛心。她的觀念並不是憑空產生的，而是來自我們的文化、媒體，特別是色情作品對女性身體的單一化呈現。這種標準化的審美讓許多女性（甚至是女孩）誤以為，只有這樣的陰部才是「正常的」、「美麗的」。

實際上，每個女性的陰部都是獨一無二的。陰唇的大小、形狀、顏色、紋理，甚至皺褶的分布，都有著巨大的多樣性。就像我們的臉或指紋一樣，陰部的多樣性是我們身體的自然特徵。可惜這種多樣性卻很少被展示或討論，反而被忽視甚至否定。

這讓我意識到，當我們不談論身體的真實面貌時，單一的審美標準會悄悄地滲透到每個人的心裡，特別是年輕女孩的心裡。她們會用這些不切實際的標準來衡量自己，從而產生深深的自卑和羞恥感，甚至冒著風險去改變自己的身體。

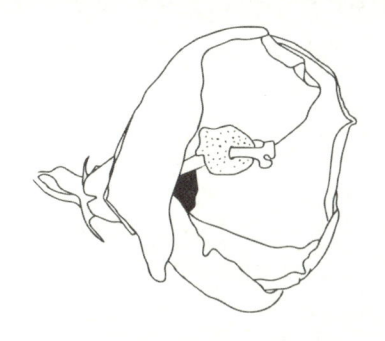

從那天起，我開始思考，我們該如何讓更多人認識到，自己的陰部是自然的，並且不需要改變它？這場展覽的靈感，就是從這裡開始的。

●●「如果我能早點看到這個展覽⋯⋯」●●

在展覽期間，一位八十歲的女士意外走進了展覽空間。她是展場附近的鄰居，當天只是剛巧路過走進來看看。她穿著樸素，提著一個購物袋，步伐有些遲疑，眼神裡帶著些許好奇。

我微笑著迎接她：「您好，歡迎來到《Dear Labia》。這是一個關於陰部的藝術展覽。」

她抬起頭，環顧四周，似乎有些不知所措。「這些⋯⋯這些是甚麼啊？」她指著展示在各處的石膏模型問道。

我耐心地解釋：「這些是我們為三十位不同女性做的陰部石膏倒模，每一個都是獨一無二的。我們希望通過這

次展覽，讓大家看到陰部的多樣性和美，打破羞恥。」

她點了點頭，小心翼翼地走近那些陰部石膏模型，仔細端詳著每一個細節。幾分鐘後，她轉過頭來，語氣低沉地問我：「這些……真的是陰部嗎？」

「是的」我回答她「這些模型來自三十位自願者的真實陰部，所以每一個的形狀、紋理和細節各不相同，是不是很美？」

她沉默了一下，然後低聲說：「我從來沒覺得自己的陰部是美的。」

她的話讓我心酸了一下，然後輕聲問：「為甚麼會這麼覺得呢？」

她抿著嘴，低著頭，似乎在掙扎是否要繼續說下去。最後，她抬起頭看著我，像是要把埋藏多年的秘密說出來：「我年輕的時候，非常討厭我的陰部，覺得它很醜，也很奇怪。因為這個原因，我從來不敢讓我丈夫看到……」

聽到這裡，我輕輕點了點頭，鼓勵她繼續說下去：「那後來呢？」

她嘆了一口氣，聲音裡帶著一絲哽咽：「結婚後，他總是想親近我，但我都拒絕他。我很害怕他看到我的陰部，怕他會覺得我很醜，然後不再愛我。但我們始終都要傳宗接代，我都把房關燈，黑媽媽的，生完小孩後，我都沒有跟他⋯⋯ 但他完全不明白我的想法，他以為我不愛他⋯⋯」

「那您有試著跟他解釋過嗎？」我小心翼翼地問。

她搖了搖頭，眼神中透出一絲懊悔：「我們那個年代誰會跟人談這種事情呢？我連自己都不敢看，更別說讓別人知道了。」她頓了頓，聲音變得更加低沉：「我們的關係也因此越來越疏遠，他生前我都沒跟他說過⋯⋯」

我鼻子忽然有酸酸的感覺，我深吸一口氣，穩著自己的情緒：「聽得出你的遺憾，但這都不是你的錯，只是小時候沒有性教育支援你。」

她抬起頭看著我，眼神裡有些掙扎：「妳真的這麼覺得嗎？」

我點點頭，認真地說：「是的。」

她輕輕地嘆了一口氣，慢慢地行向門口，臨出門前回頭跟我說：「如果我年輕的時候能看到這樣的展覽，或許我的人生會不一樣，也許我能夠和我丈夫有一段更親密的關係。」

　　這位八十歲女士的遺憾讓我看到了羞恥感對一生的影響，而展覽結束後不久，我在一場針對八歲孩子的性教育課中，則看到了羞恥感如何從小被植入心中。

●●中止對陰部的羞恥教育●●

　　這堂課的主題，是認識身體的不同部位，正確認識我們的身體。我拿出一張人體圖，逐一介紹每個部位的名稱，當我說到女生的私密部位時，我告訴他們：「這裡的名字叫做『陰部』，英文是 Vulva。」話音剛落，一個女孩大聲喊道：「Ew… 好肉酸！」我沒有責備她，而是溫柔地問：「妳為甚麼覺得它肉酸呢？」

　　女孩毫不猶豫地回答：「我媽媽說我不穿褲子、不

穿衣服的時候很肉酸。」

聽到她的回答，我感到無奈。這麼小的孩子，已經開始對自己的身體產生負面的感覺，而這些感覺並不是來自她自己，而是來自她所聽到的話。我蹲下來，平視著她的眼睛，耐心地對她說：「其實，妳的身體每一部分都是你的一部分，都是美好的，沒有甚麼肉酸的地方。包括你的陰部。它是妳的一部分，值得你好好愛它。」

從十五歲女孩的故事到八十歲女士的遺憾，再到八歲女孩的第一反應，我看到了一條清晰的連結——我們社會對陰部的羞恥教育，如何一代代地傳遞下去。但我也看到了一種可能性：當我們用愛與接納取代羞恥，當我們願意打破禁忌、正視自己的身體時，我們可以改變這樣的循環。

我們的言語和行為，可以是一把鎖，也可以是一把鑰匙。它們可以封閉一個人對自身的接納，使她陷入羞恥與自我厭惡之中；也可以打開一扇門，讓人重新感受到身體的美好與自由。

我們每個人都可以選擇成為那把「鑰匙」。從今天起，試著以更加開放和尊重的態度對待自己的陰部，並用包容的語言與陰部對話。

Dear Labia, 妳是值得被愛的。

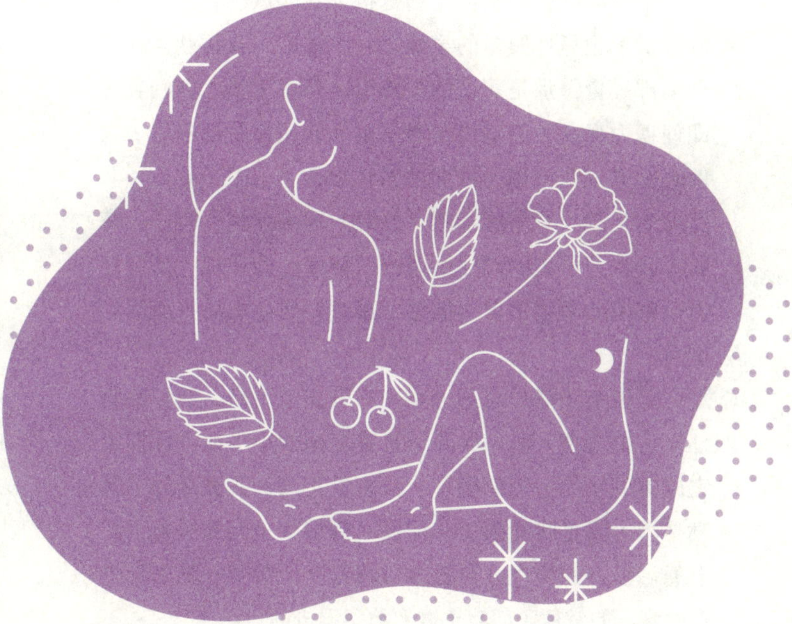

05
想回到過去的媽媽

　　生產前，我的胸部豐滿挺拔，乳頭敏感，是我性感的象徵，也是性興奮的泉源之一。那時，我喜歡伴侶把玩胸部，覺得那是親密的一部分。但生育後，因哺乳，即使極力保養，胸部仍出現下垂。乳頭被長期吸吮，從敏感點變成無感區。我開始對伴侶說：「請不要碰。」這種變化讓我覺得胸部離「性感」愈來愈遠。有一段時間，我執著於讓胸部回到過去「最好」的模樣，渴望它重拾堅挺，奢望它再次敏感，甚至幻想性生活也能回到從前。

　　但後來我終於想通，現在的胸部並不是「壞」的胸部。它製造了人奶，與我一起養育兩個小生命，發揮了它原本的功能。形態變了，但它並不壞。甚麼是好，甚麼是壞，都是我們強加的標籤。胸部就是胸部，有不同形態，沒有好壞之分。這領悟讓我開始接受，變化是生命中唯一的常態，而我不需要追逐過去的自己。

●●想念那個性感的自己●●

　　這種對身體和性生活的執著,並非我獨有。許多女性在產後都面臨類似的掙扎,卻因不同的經歷而有不同的故事。

　　Elaine,一位三十五歲的二孩媽媽,曾告訴我,她產後最無法接受的是鬆弛的肚腩和妊娠紋。她說:「懷孕前,我有平坦的小腹,穿緊身上衣很自信。生完孩子後,即使我努力做運動,還是有個小肚腩,我連泳衣都不敢穿。」我想這也是為甚麼在泳池及泳灘都是爸爸陪小孩游水,媽媽們都是坐在岸邊,不願下水的其中一個原因吧。這種焦慮,甚至影響了與丈夫的親密關係。親密時,她都不想脫下上衣,不想丈夫看到她的小肚腩,亦拒絕讓他觸碰腹部,覺得自己不再吸引人。

　　Katie,一位二十八歲的新手媽媽,則是為性生活的改變而苦惱。她說:「懷孕前,我和老公的性生活很和諧,但產後性交時都有些疼痛,我開始害怕親密。」她試過各種潤滑液,希望恢復過去的濕潤,甚至幻想能重拾從

前的激情。但因為是借助外援,她覺得自己「不如以前」。這種失落讓她一度拒絕丈夫的靠近。

Iris,一位四十歲的三孩媽媽,則是因為疲憊而沒有性慾。她說:「生完第三個孩子後,我的體力大不如前,皮膚鬆弛,連走路都覺得累。以前我喜歡穿高跟鞋,現在只想穿平底鞋。」因照顧孩子而身心疲倦的她,性慾跌至最低點,她覺得性慾變淡是自己的錯。她說:「我老公偶爾想親熱,我總推說太累,但又很內疚。」她想性慾水平能回到還未生小孩時的從前,想念那時候隨時隨地都想跟老公做愛的自己,那個穿高跟鞋,性感又誘人的她。

身體不滿不只局限於身形或體重,還包括皮膚狀況、身體機能,甚至性生活的改變。我們常拿自己與他人比較,像我會拿產後有紋又皺的肚腩,與那些光滑有腹肌的肚子對比。每逢看到明星媽媽產後腰身仍如少女,我不自覺地想:「為甚麼我的肚腩不像她們的結實光滑?」愈看愈焦慮,為了減少這種比較的誘惑,我選擇 unfollow 她們。

●●被自我比較綁架了心情●●

但 unfollow 後焦慮並未消失，反而轉向與過去的自己比較。我開始問：「為甚麼我的肚腩不像以前的結實光滑？」有一段時間，我照鏡子不敢看腹部，以為不看就能回到過去。就算我不與他人比較，卻與「過去我」較勁，這種比較偷走了「現在我」的快樂。

產後，我們常渴望身體和性生活回到從前，覺得那是「最好」的自己。我曾為胸部下垂而失落，Elaine 為肚腩焦慮，Katie 為性生活自責，Iris 為疲憊否定自己。我們都試圖抓住過去，卻忘了時間只會向前走。我們無法停住時間，無法回到過去，也無法讓身體變回從前的樣子。這種對「回不去」的執念，讓我們困在挫敗與沮喪中，像被困在一個永遠打不開的鎖裡。

時間不會倒流，身體不會逆轉，我們唯一能改變的是如何看待這些變化。「現在我」是值得快樂的。我知道，要找回快樂，就得與胸部及肚腩的轉變和解，不讓無休

止的比較繼續綁架我的心情。

和解的過程並不容易,像驚濤駭浪般起伏。我曾試過無數方法讓胸部或肚腩「恢復」,但當我放下對「過去我」的執著,開始看到這些變化背後的意義,我終於感到自在。身體上的痕跡都是回憶的紀錄,像我手臂上的小雀斑記錄了我在美國開車四處跑的獨立生活,臉上的小黑點記錄了小時候與妹妹爭鉛筆的童年。現在的胸部養育了我的孩子,鬆弛的肚腩承載了生命的重量,肚皮上的妊娠紋是身體神奇孕育生命的紀載。它們有新的價值,這些不是缺陷,而是我生命的一部分。這種釋放不是放棄,而是放下不可能的期待。

Elaine 若接受肚腩的鬆弛,她或許放下對穿泳衣的恐懼,享受與孩子的水中時光。Katie 若接受性生活的改變,她能從害怕中走出,與丈夫探索新的親密方式。Iris 若接受疲憊,她能釋放內疚,找回當下的平靜與力量。接受變化不是認輸,而是讓我們從「回不去」的挫敗中解脫,找回屬於「現在我」的快樂。

接受變化不是認輸,而是讓我們從「回不去」的挫敗中解脫,找回屬於「現在我」的快樂。

06

「處女」是甚麼

　　「處女」是甚麼？這個問題看似簡單，但答案卻一點也不簡單。幾個世紀以來，不同文化都為「處女」賦予了重重意義。它象徵純潔，代表忠貞，是家庭榮譽的籌碼，有時甚至關乎生死。在一些傳統社會，女性的貞操被視為她價值的核心，婚前失去處女身可能帶來羞辱、被逐出家門，甚至被浸豬籠、用石頭砸死。香港這個現代化的大都會當然沒那麼極端，但「處女情結」依然存在，令人困惑、懊惱。或者荒唐的是，為甚麼在這樣一個現代城市，有些人還是那麼在意？

　　處女身份不只是生理狀態，而是一種文化執念。我甚至認為，這是一種集體怪癖，影響著我們的價值觀和生活方式。

●●「不是處女」污糟,「不是處男」卻光榮?●●

先從基礎說起吧。甚麼是「處女」?長久以來,處女膜一直被當作處女身份的證據。如果處女膜完好無缺,她就是處女;如果它不在了,那她就不是處女。荒謬的是,處女膜本來就不是完全封住的,否則經血怎樣排出體外?它本來就有孔隙,根本談不上「完好無缺」。

處女膜不是甚麼防偽封條!它的正名叫「陰道冠」,是陰道口附近的一層薄膜,每個人長得都不一樣。它不是完全封住的,可能因為運動、成長或性行為而改變,有些人甚至天生沒有。醫學早已證實,它的存在與否無法準確反映性經驗,不能用來判斷誰是否「處女」。

然而,這個迷思幾百年來還一直存在,不是因為它真,而是因為它方便。它給了人們一個具體的方法,去衡量女性的「純潔」這種抽象概念。

在香港,你不會聽到甚麼「處女膜檢查」或者像某些地方那樣的「榮譽殺人」,這點值得慶幸。但處女等於純真的想法還是悄悄潛伏著,尤其是在閒聊或約會圈

子裡。我聽過無數次男人抱怨某女「不是處女」，好像這是她人格上的污點。有一次在店內，一個男士對我說：「我最近認識了一個女生，本來都想跟她發展，但問她有沒有跟別人上過床時，她說有。我就沒有跟她發展了，她不是處女⋯感覺有點⋯污糟。」不乾淨？我聽了很生氣，反問他：「那你是不是處男？」佢笑得好自豪，挺起胸膛說：「當然不是！」我再追問：「那你覺得自己污糟嗎？」佢啞了，無言以對，只是尷尬地笑一笑。

對某些男人來說，自己的性經驗是值得誇耀的資本，但女性的性經驗卻成了貶值的標記。另一次，還是店內，一個男人談起他女友：「我女友床上功夫很厲害！佢經驗超豐富，真的是高手！」我回應：「那很好呀！以後跟她一起久了，都不怕悶。」他卻說：「我不會娶佢做老婆啦！娶老婆當然要選一個乾乾淨淨的，這種女人只適合拍拖。」我聽完真的想問：這是甚麼邏輯？先生，你是古代人嗎？

香港表面上講究男女平等，但一談到性，傳統的儒家思想和家族觀念就跑出來作亂。儒家強調「孝道」，

將女性的貞潔與家族榮譽綁在一起，過去甚至認為女子的行為決定了家族的臉面。雖然時代變了，這種影子依然影響著我們的價值觀。

我還聽過一個女生跟我說她的新男朋友很介意她以前的經歷。新男友知道她跟前男友有過性行為後，要求她一遍又一遍說出跟前男友做愛的每一個細節，還要她跟他重複做一次。前男友做過甚麼，他也要做一遍。因為他很在意她的第一次不是跟他，覺得只要做得夠多，就能「佔有」她，把她的過去蓋過。這讓她在關係中喘不過氣，覺得自己的過去是個錯。

●●怕破處而不敢……●●

我說「處女情意結」是個集體怪癖，因為不只是男的有這種想法，女的也有，年輕人和老人都有。很多女人會擔心陰道冠破了，怕以後的伴侶不喜歡。這不僅影響她們的親密生活，還改變了日常選擇。

比如，有些女生想用月經杯，因為它舒服又乾淨，但因為要放進身體，她們擔心「破處」。還有女生問我：「如果我在陰道用震動器，我還是處女嗎？」處女是指一個人未有過跟另一個人發生過性經驗的狀態，一個處女自己一個人用震動器和月經杯，又何來「破處」？

　　這種情意結不只影響女生自慰時用甚麼工具，月事選甚麼產品，還會讓她們不敢做自己。我有個朋友說，她中學時聽到同學說陰道冠做運動或踏單車會破掉，破了就不是處女，所以從小到大都很喜歡運動的她，再不敢跑步、不敢踏單車、不敢做運動。

　　還有一次在店裡，我遇到一位在香港留學的中東女生。她說兩個月後要結婚，我正想恭喜她時，她卻說要先去英國做「處女膜重建手術」。她解釋說，未婚夫是父母安排的，家人和未婚夫都不知道她有過很豐富的性生活。如果被發現不是處女，她怕會有很壞的後果。她看我很驚訝，還笑著安慰我：「不用擔心，我朋友都找這個醫生做，手術很專業，老公不會發現的。」她說，因為怕「破處」，她頭幾次有性行為時都不敢用陰道，

而是選擇了肛交。她提到，這在中東年輕人裡很常見，還跟我分享了她們怎麼保證初夜「落紅」。有些女生會在老公起床前，把準備好的化妝血漿倒在床單上；有些則先把幾滴血漿塞進陰道，邊做邊讓它流出來，以求逼真。我既佩服她們的創意，又覺得可悲。一段關係從謊言開始，她不只騙了別人，也失去了真實的自己。處女情結讓人害怕真實，逼大家活在假裝中。

很大原因是我們沒被教導如何正確看待性。香港的性教育落後於時代，多數只教生理知識─避孕、性病之類，卻很少談性與情感的關係，或如何不以性經驗標籤他人。沒人告訴我們陰道冠的真相，也沒人說性經驗不影響一個人的價值。這種空白讓守舊觀念在暗處滋長，反覆影響一代又一代。

每當有女生問我：「如果將來老公介意我不是處女怎麼辦？」我都說：「你是不是處女，跟你值不值得被愛沒關係。沒怎麼辦，找老公要找個如實地接納你的。」談戀愛最重要是心與心的連繫，而不是看誰有沒有經驗。

「處女」是甚麼？也許答案從來不在生理或過去，

而在我們如何看待自己和別人。不管陰道冠在不在,不管有沒有經驗,你還是你,沒人能用這個定義你的價值。

　　處女情結是人造的枷鎖,不是天生的真理。放下處女情結,所有人都會活得更輕鬆。對女性來說,這意味著不再因過去而感到羞恥,不用害怕伴侶的眼光,可以自由探索自己的身體和感情。對男性來說,這是放下不合理的期待,不再把愛情當成權力遊戲,而是專注於彼此的真心相待。這種改變不只解放個人,也改變社會。當我們不再用「處女 / 處男」標籤彼此,關係會更平等,信任會更深厚。試想,如果每個人都能坦然接受自己和別人的過去,生活會多輕鬆?少了猜疑和壓力,我們才能真正享受愛與被愛的美好。

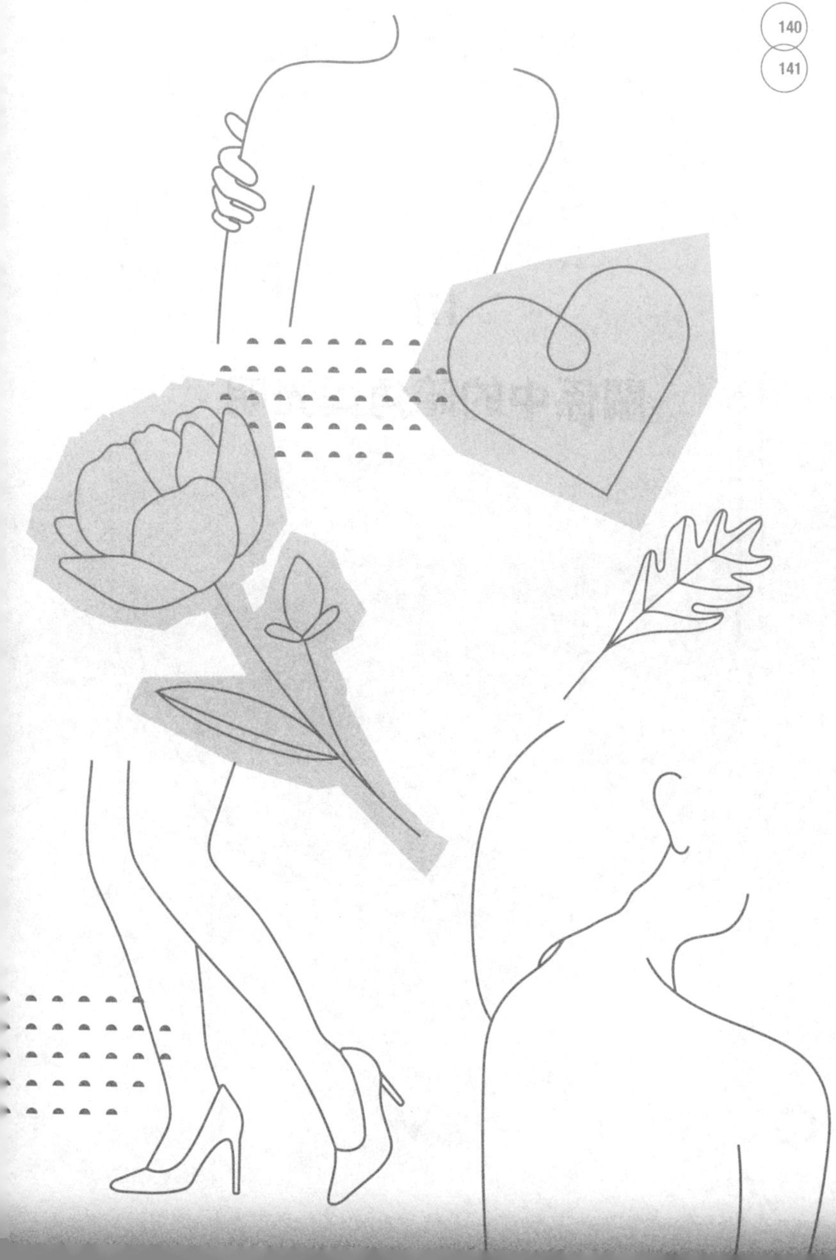

III
關係中的暗角與光明

⊙ | V { ✲

01
快要結婚的女生

　　Sally Coco 銅鑼灣店總是有一種奇妙的吸引力——它彷彿不僅僅是一家情趣用品店,更是一個讓人傾訴心事並尋求自我解放的場所。我常常覺得,身為這家店的創辦人,我的角色更多時候像是一位輔導員,甚至是一個人生導師。這裡的每一個故事都讓我感到,性愛與親密關係不僅是身體的交融,更是情感、價值觀和自我認同的碰撞。

　　一天,一位年輕的女生走進了店裡。她低著頭,步伐有些猶豫,目光掃過貨架上展示的商品,帶著一種不安的羞澀感。我注意到她的狀態,靜靜地站在一旁,裝作在整理貨架,試圖讓她感覺更自在。她停留在我們店裡最近大受歡迎的一款 G 點震動器前,眼神裡帶著一絲掙扎。

　　過了一會兒,她終於鼓起勇氣轉過身來,問我:「你介紹過那個玩具是這個嗎?」

　　她的大眼睛水汪汪很漂亮,但卻帶著一點傷感。我

的直覺告訴我，她這問題背後藏著一個更深的故事。我輕聲問她：「你為甚麼想買這個玩具？」

話音剛落，她的眼淚一下子湧了出來。

●●「他嫌我在床上放不開……」●●

我呆了一呆，反思是不是我的問題太直接、嚇到她了。但看到她努力忍住哭泣的樣子，我知道這不是因為尷尬，而是她內心壓抑已久的情感終於找到了出口。

「對不起……真的不好意思。」她邊哭邊道歉，試圖控制自己的情緒，但眼淚卻不斷滑落。

「想哭便哭吧，不用強迫眼淚停下來。」我輕輕拍了拍她的肩膀：「來，先坐到梳化上喝杯水吧。」

她點點頭，跟著我來到店內的粉藍色梳化上。我示意同事拿了一杯暖水遞給她。很久以前，我看到一本書說手握著一杯溫暖的水可以讓人感到放鬆與安全，所以每當遇到情緒低落的客人，我總會遞上一杯暖水。

「你的眼淚帶著傷心,是甚麼事讓你這麼難過?」我柔聲問。

她握著杯子,低頭沉默了一會兒,終於開口了。她的聲音帶著哽咽,語氣中滿是無助和悲傷。

她告訴我,她快29歲,和未婚夫從大學就開始交往,都算是愛情長跑。未婚夫是她的初戀,也是唯一一個發生過親密關係的對象。幾個月後,他們就要結婚了,婚禮的籌備已經開始,親朋好友也都在期待這場婚禮。

「可是在性這件事上⋯⋯我真的不懂。」她低聲說,眼淚再次滑落。「我只會聽他的,所有的事都是他教我的⋯⋯但他一直嫌我在床上放不開,說我太保守,說我不懂得享受。」

她的聲音越來越小,像是怕自己說出的話被人聽見。

「上年⋯⋯我發現他在外面有別的女朋友。」她哽咽著說出這句話,捂住了臉。「他說⋯⋯他找外面的女生是因為我滿足不到他,因為她們放得開,甚麼都願意試⋯⋯」

我靜靜地聽著,心裡感到一陣難受。她的每一句話

都透露出她對自己的懷疑與否定,甚至開始把未婚夫的出軌歸咎於自己的「不足」。

「我有試過跟他攤牌,問他為甚麼要這樣對我。」她抹了抹眼淚,繼續說。「他卻直接說:『如果你不想我出去找別人,你就要滿足我的性需要!你滿足不到亦不能怪我!』」

話到這裡,她的聲音有些顫抖:「他還說,如果我學會放開一點,不再那麼保守,我們就不會有這些問題了。所以,我才想來買這個玩具,想看是不是可以……可以改變我自己……」

●●「我需要改變自己去迎合他嗎?」●●

我很清楚,這已經不僅僅是關於一個情趣用品的問題,而是關於她對自己價值的認知,關於她在這段關係中被壓抑的自我。

「妳知道嗎?」我輕聲對她說,「性愛應該是兩個

人一起享受的事情,而不是一方為了迎合另一方而去犧牲自己。」

她抬起頭,眼中還帶著淚水,似乎有些困惑。

「妳的未婚夫說妳『放不開』,但妳有沒有想過,也許是他從來沒有給妳足夠的安全感,讓妳能夠真正放開自己?」我繼續說。

她沉默了,握著杯子的手微微顫抖。

「性愛中沒有誰比誰的需要更重要,你的需要和他的需要同等重要。妳的性探索,應該是為了讓自己感到自由與快樂,而不是為了取悅或留住一個人。」

她咬著嘴唇,眼神裡似乎閃過一絲覺醒的光芒。

「這枝震動棒,當然可以幫助妳去探索自己的身體,了解自己的需求。」我接著說,「但它不是為了讓妳變得更符合他的標準,而是為了讓妳更了解自己,學會愛自己,從而擁有更多的自信與自由。」

她低下頭,沉思了一會兒,然後輕聲問我:「那⋯⋯如果我改變不了呢?」

我毫不猶豫地回答:「你不是要改變自己,而是要

一個真正尊重妳、願意與妳一起成長的伴侶，而不是一個只會挑剔妳，甚至威脅妳的人。婚禮還未進行，你仔細想想是否想一輩子跟這個人走下去吧。」

她的眼淚再次湧了出來，但這一次，不再是壓抑的情感爆發，而像是一種釋放。

「妳值得被愛，也值得擁有真正的幸福。而那份幸福，絕不是建立在迎合他人之上的。」我拍了拍她的肩膀，微笑著說。

她在店裡待了近兩小時跟我談了很多關係中的微細情節，我亦為她逐一拆解當中有毒（toxic）的成份。

臨走時，她對我說了一句話：「我會再來的，希望下次來的時候，我不再是因為他而來。」我看著她走出店門，背影雖然還帶著一絲沉重，但步伐已經比剛進來時更加堅定。

●●識別有毒關係●●●

這位女生在那有毒關係中的自我否定，我是很有感受的。曾經我都在這種有毒關係中，男友喜歡女生留長頭髮，從小都是留短髮的我便留長頭髮。男友喜歡女生穿短裙，習慣穿褲子到處跑的我便買了一大堆短裙來穿。男友喜歡女生大眼，我便跑去學化妝，把自己雙眼畫到大大的。

每當關係中出現爭吵，男友都說是我的錯，是我不會做女朋友。慢慢地，我真的覺得他會辱罵我是我的錯，他把我的東西全丟出家外是我的錯，他跟別的女生上床了也是我的錯。每當爭吵過後，我都會自責地哭著跑回他身邊，求他原諒。

那時候的我，就像這個快將結婚的女生，在有毒的關係中而不自知。

她與未婚夫的關係看似穩定，甚至即將邁入婚姻，但在那光鮮亮麗的外表下，隱藏著許多不平等與對她情

感的壓迫。她未婚夫的行為，無疑是一種操控。他用出軌來威脅她，然後把責任推卸到她身上，讓她相信是因為她「不夠好」，才導致他需要從別人身上尋求滿足。他的理由聽起來冠冕堂皇，甚至還帶著一種假裝負責的姿態：「你要改變自己，才能讓我不出去玩。」這種說法表面上是「給她機會」，實際上卻是在剝奪她的自尊與選擇，讓她陷入深深的自我懷疑。

這完全就是典型的煤氣燈效應（gaslighting）。煤氣燈效應是有毒情人的慣常手段，讓另一半懷疑自己，甚至否定自己。在這段關係裡，她未婚夫讓她覺得，自己「放不開」是問題的根源，讓她認為只要她改變了自己，他們的關係就會變好。但事實是，真正有問題的不是她，而是那個拒絕尊重她，用情感勒索來操控她的人。他用承諾婚姻來穩住她，讓她覺得自己無法離開這段關係，然後用她的「性表現」來綁住她，讓她覺得自己必須改變，才能被接受。這種情感操控的手段不是直接的暴力，而是慢慢滲透到她的內心，讓她相信自己真的有問題。

「如果我真的不夠好怎麼辦」這句話透露出她內心

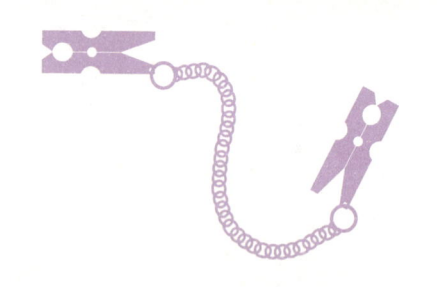

的掙扎。她未婚夫的那些話，不僅是情感勒索，更是一種隱蔽的控制。這正是有毒關係中最可怕的地方：它讓人內心的自我價值崩塌，讓人認為自己需要不斷迎合對方的期待，才能獲得愛與關注。

她來店裡買那枝震動棒，不是為了自己，而是為了取悅他，為了讓他不再找別人。當一個人需要靠改變自己來挽留另一個人時，在這樣的關係裡，愛早已不復存在，取而代之的是控制與壓迫。

我常常在想，為甚麼有這麼多人無法察覺自己正在一段有毒的關係中掙扎，包括當初年輕的我。

識別有毒關係的第一步，是問問自己：
我在這段關係裡感到快樂嗎？
我是否感到被尊重？
對方是否真的在乎我的感受，還是只關心自己的需求？
如果答案是否定的，那麼就需要重新審視這段關係，甚至考慮是否值得繼續。健康的關係應該是雙方一起探索，而不是一方按著對方的頭，要求按照自己的方式來。

可幸的是，我已經離開了那段關係，而數個月後，這個女生真的再次來到店內買了一個震動器。那時剛好我不在店，她跟同事說：「請幫忙告訴 Vera，這玩具我是為自己而買的。」

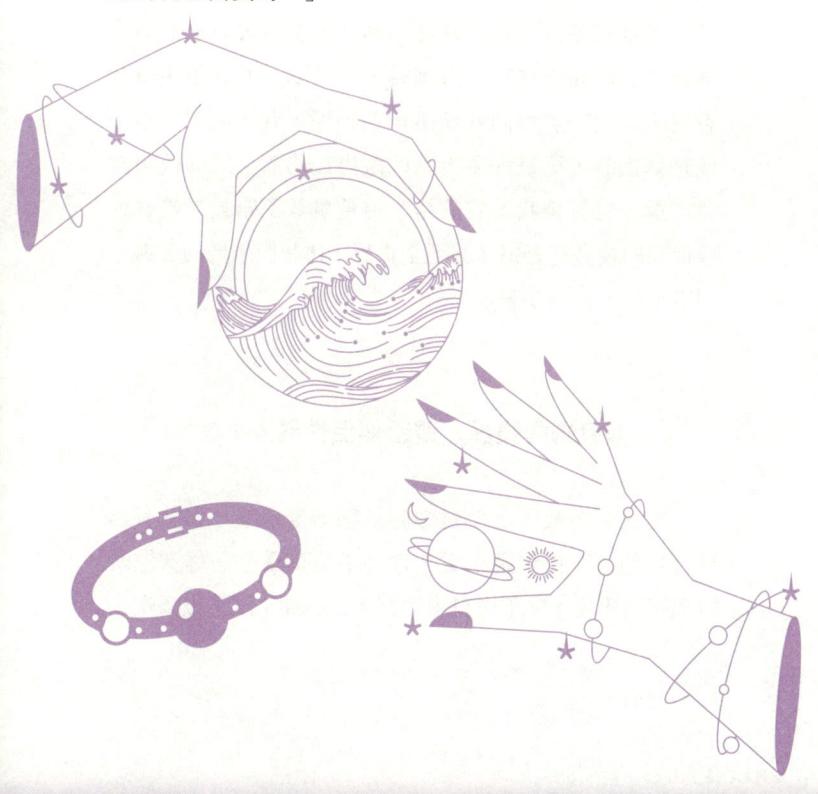

02

我老公強姦了我

(注意：本文涉及性暴力內容，可能引起不適，請謹慎閱讀)

「我老公強姦了我...」聽到這句話時，我呆住了。我相信你現在也跟我當時一樣困惑。兩個人已經結婚了，不是應該自然發生性行為嗎？怎麼會被自己的老公強姦？這個問題在我腦海裡轉了好幾圈，直到說出這句說話的太太在店內向我傾訴她的經歷，我才明白，這不僅是真實的，更是許多人不敢說出口的痛。她的故事讓我震驚，但更讓我不安的是，這種事並不罕見。婚姻或伴侶間的強姦在香港，甚至全世界，比我們想像的普遍，卻幾乎沒人公開談論。

●●婚內強暴／親密伴侶性暴力●●

她三十多歲，老公是她的初戀，也是唯一和她有過性行為的人。但對她來說，性從不是享受——每次做愛她都感到疼痛，常不由自主地把老公推開。試了很多次，

都沒能順利完成。有一天，老公聽朋友說：「她這種是欲拒還迎，女人就喜歡男人強硬一點。」於是，有一晚趁她睡著時，他用繩子綁住她的手腳，把她雙腿分開。她在睡夢中驚醒，發現老公壓在她身上。她拼命說：「不好」，但他沒停，還繼續下去，因為朋友說「女人說不好，其實是好」。她求他停手，他還是沒聽，因為朋友說「女人說停，其實是想繼續」。最後，他滿足了，射了。她卻哭了。她說：「我現在看到老公就害怕。他一拖我的手，我就會發抖。我不知道應該告訴誰。」

「這是強姦嗎？」她雙眼通紅地問。我一時不知如何回答，只能靜靜聽著。後來我告訴她：「任何無視『不』的行為，都是暴力。」

婚姻應該是愛和信任的世界，怎麼會變成這樣的噩夢？

這位太太的經歷不是單一個案。根據世界衛生組織的研究，全球約 10% 至 30% 的女性曾遭受來自伴侶的性暴力，在某些地區比例更高。香港雖無具體公開數據，但婦女團體和心理輔導案例顯示，類似情況並不少見。只是，這些故事很少走到公眾面前。為甚麼？因為它藏

在親密關係的「正常」假象下，被誤解、忽視，甚至被合理化。

很多人認為，結了婚或談戀愛，性就理所當然。這種觀念不僅在男人中普遍，有些女人也會自我質疑：「我是不是太敏感？他是我老公或男友，我不該拒絕他。」但婚姻或確定關係不是性同意的空白支票。不管甚麼身份，在發生任何性行為前，得到性同意（consent）才是關鍵。不管對方是陌生人還是枕邊人，沒有同意的性行為，就是性暴力。

為甚麼這種事鮮被談論？首先是社會的刻板印象。許多人覺得強姦是陌生人帶著暴力闖入的畫面，而不是熟悉的臉在睡房裡的行為。這種錯誤觀念讓受害者難以定義自己的經歷，更遑論公開訴說。那位太太的老公甚至不覺得自己做錯，因為在他的認知中「強硬就是愛的表現」。

其次是羞恥與恐懼。那位太太不敢告訴家人或朋友，因為她怕聽到：「你們是夫妻，這有甚麼大不了？」或

更糟,「你是不是不夠好,才讓他這樣?」這種指責受害者的心態,讓她們選擇沉默,害怕被誤解、失去關係,甚至被社群孤立。

　　我聽過其他類似的經歷,一位四十多歲的女士曾告訴我,她老公每次喝醉就強迫她為他口交,說「你是我的老婆,這是你的責任」。她反抗多次,但最後放棄,因為連她自己都開始懷疑這算不算強姦。還有個年輕女生說,有時她沒有慾望做愛,但她的同居男友覺得她拒絕性行為是「不愛他」的表現,說要她證明她愛他,所以即使她不想做,還是強迫自己做了。每次做完,她都會裝作要上廁所,跑到洗手間內大哭。

　　我也有過類似經歷。在一段長期的戀愛關係中,我常常不想跟前男友發生性行為,但他還是會強行拉下我褲子,嘗試進入。那時我心裡也有同樣的疑惑:做女友是不是就得滿足他的性需求?一直嘗試說服自己這是我的義務。很多次,我閉上眼睛,躺在床上任他擺佈,只希望他快點結束。有時我真的不想,心裡會很憤怒,就會試著把他踢下床,但這通常會變成大吵一架,整晚被

他責罵。有一次,他一直罵我:「你到底懂不懂做女朋友?這些都做不到」。我越聽越憤怒,我用力把他推到房門外,然後立刻鎖門,還把椅子頂在門鎖上,盡我的能力防止他破門而入。我整晚一個人躲在房間裡,才終於覺得安全。那一刻,我才意識到,這不是愛,而是傷害。

●●粉碎信任的暴力●●

我們這些女人故事背景不同,但都指向同一個問題就是我們被教導性是義務,而不是選擇。那位太太被綁住時無法反抗,那位中年女士放棄了掙扎,我則在義務感和恐懼中妥協。我們都被教導,親密關係裡,性是「應該」的。這讓我們在被侵犯時,找不到語言去描述,甚至不敢承認這是暴力。結果,伴侶間的強姦變成了一個常見卻無聲的問題,藏在我們的日常生活中。

這些男人是壞人嗎?他們不是單純的壞人,而是被錯誤的價值觀誤導,覺得性是他們的權利,而不是雙方

的選擇。

　　那位太太說,她現在害怕老公的觸碰。這不只是身體的痛,更是心靈的傷。我也有類似恐懼,每次被強迫後,我對那位男性伴侶的靠近都感到不安,甚至找藉口避免共處一室。

　　身體上的影響也很真實。她因性交疼痛而抗拒,被強迫後,疼痛成了恐懼的記憶。我雖無明顯身體傷害,但每次被強迫後,都覺得身體不再屬於自己。伴侶間的強姦不僅是性暴力,還是一種背叛。當最親近的人無視你的意願,信任就粉碎了。

　　婚內強暴／親密伴侶性暴力不該是禁忌話題。要改變現狀,我們得先承認它的存在。

　　那位太太的故事,和我自己的經歷,讓我思考,親密關係應該是甚麼?它不該是權力的戰場,也不該是傷害的溫床。性是愛的表達,而不是強迫的工具。任何人都不是別人的性義工,性不是義務。無論婚姻還是戀愛,

沒人有責任滿足對方的性需求，更不是因為你是妻子或女友，就得犧牲自己的意願。那位太太被綁住時說「不」，我踢開前男友時說「不」，這些拒絕不是遊戲，而是真實的界限。真正的愛，是尊重彼此的選擇，而不是把對方當工具。

放下這些錯誤觀念，我們才能讓親密關係回歸本質——平等相愛。那位太太還在掙扎，我也花了很長的時間才走出陰影，但我們說出這些，是打破沉默的第一步。我希望有一天，沒人需要像我們這樣害怕自己的伴侶。當我們公開談論這個問題，當每個人都明白「不」就是「不」，當性不再被視為義務，我們才能讓婚姻和愛情成為真正的避風港，而不是隱秘的暴力之地。

如果有人向你傾訴，不要說「這不可能」，請傾聽並相信她們。那位太太告訴我時，我只是陪她坐了一會兒，她說這讓她沒那麼孤單。我也希望當時有人聽我說，而不是讓我獨自掙扎。一點理解，就能成為改變的開始。

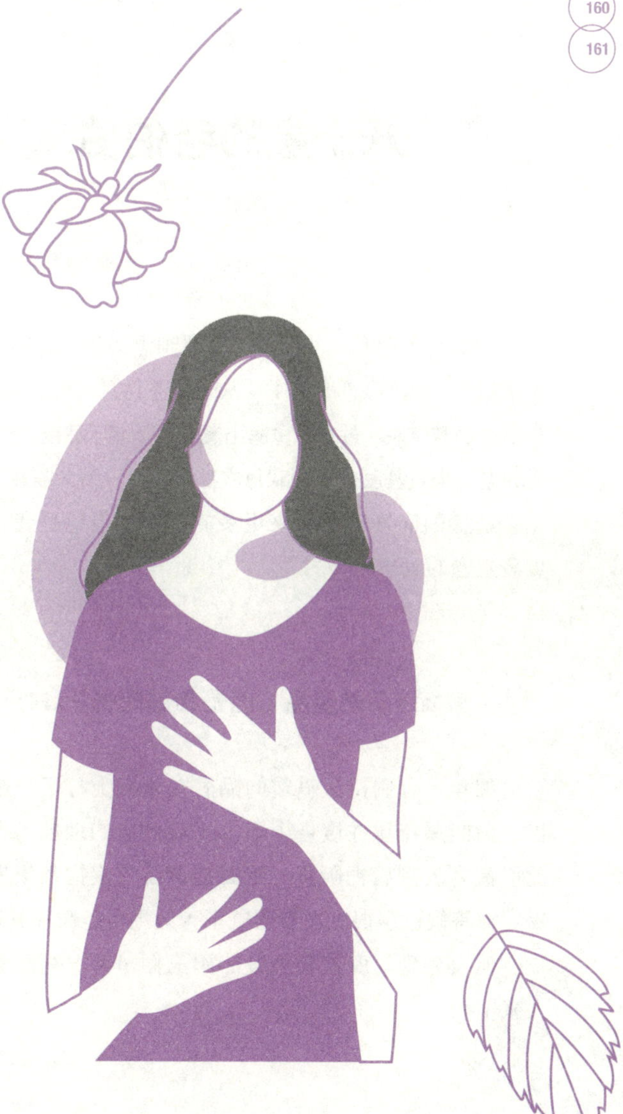

03

八十歲的老伯伯

經常有人問我:「你在店裡遇到過最年長的客人有多大年紀?」每次我都會答:「八十歲。」對,八十歲。當我說出這個數字時,對方總會露出驚訝的表情,然後問:「八十歲的老人來買甚麼?」而我每次都會說:「持久噴霧。」

這樣的回答總是引來更多的提問,但這是我店裡真實發生過的故事。

●●這不是產品,而是希望的寄託●●

那年,有個持久噴霧的品牌在報紙上打了一小格廣告,廠商還特意在廣告上附上了我們店的地址,希望藉此引流客人到店裡購買。我對這個廣告沒抱甚麼期望,畢竟那時候已經很少人看報紙了,效果可能微乎其微。

但沒想到,廣告刊登後的兩三個星期,竟然真的有人來了。

那天，一位老人家推開了店門。他右手拄著拐杖，左手拿著一張小紙條，步伐緩慢而顫抖。老人微微駝著背，身形瘦削，穿著樸素，看起來有些吃力，但眼神裡卻透著一絲堅定。他一踏進店裡，我的第一個反應是：他是不是找錯了地方？

　　我連忙迎上去，帶著一絲疑惑問道：「伯伯，您想找甚麼？」

　　他抬起頭，喘了一口氣，顫巍巍地將手中的小紙條遞給我，聲音沙啞而微弱：「這款產品，這裡有賣嗎？」

　　我低頭一看，紙條上寫著的正是那則報紙廣告裡的持久噴霧。我忍不住想：八十歲的老人家也有這樣的需求？但很快，我平復了心情，維持專業的態度，微笑著回答他：「有的，這款噴霧我們店裡有賣，您稍等一下，我拿給您看。」

　　我從架子上拿下那款持久噴霧，遞給伯伯，開始耐心地解釋使用方法：「伯伯，這個噴霧呢，只需要在親密前噴一點點在敏感部位，等五到十分鐘讓它吸收，就可以幫助延長時間。它會減低敏感度，緊記勃起後才噴

……」

　　老人點了點頭，手輕輕顫抖著接過產品，仔細地看了一會兒，然後問我：「這個……真的有用嗎？」

　　他的語氣裡帶著一點懷疑，也帶著一點期待。我能感覺到，對他來說，這不僅僅是一個產品，而是某種希望的寄託。我回答：「根據我們客人的反饋，效果還不錯。不過每個人的情況不一樣，您可以試試看有沒有幫助。」

　　他聽完後點了點頭，掏出錢來買了這瓶噴霧。臨走時，他步伐依舊緩慢，但在走到門口時，他忽然停下來，轉過頭對我說：「謝謝你啊，小姐！」

　　那聲「謝謝」語氣裡不僅有感激，還似乎藏著某種難以言說的無奈。我看著他佝僂的背影慢慢消失在門口，心裡有些不平靜。到底伯伯的親密關係是怎樣的？發生了甚麼事驅使一位八十歲的老人家拿著拐杖來找持久噴霧？

　　幾天後，伯伯又來了。這次，他依然拿著拐杖，步履蹣跚，但似乎多了一點遲疑。他站在店門口猶豫了一會兒，才慢慢走進來。我連忙迎上去，問道：「伯伯，

怎麼樣,上次買的噴霧用得還好嗎?」

他看了我一眼,欲言又止,最後低聲問:「你有無賣假陽具呀?」

「假陽具有,但你買給誰呀?」

「我太太……」

「明白,是太太叫你來買,還是你想買?」

他支吾以對不知怎樣回應。那一刻,我感覺到他似乎有心事想要傾訴,於是立刻招呼他坐上在店內近窗邊的梳化,給他倒了一杯水。他接過水杯,雙手微微顫抖,抿了一口,然後嘆了口氣,開口說:「唉,人老了,就無用了,我不行,就想不如買個假陽具給她...」

我點了點頭,輕聲說:「沒事的,伯伯,您慢慢說,我在聽。」

●●這麼努力,真的很了不起●●

他沉默了一會兒,像是在整理思緒,然後緩緩開口:「我今年八十多歲了,」他說,語氣裡帶著一絲沉重,「但我有個比我年輕很多的太太,今年才五十多歲。」

原來是老夫少妻,難怪伯伯仍想有心有力,我點頭示意他繼續。

「當年結婚時,我已經七十多歲了。她對我也很體貼。」他說到這裡,臉上露出了一絲笑意,但很快又黯淡下來。「可她性慾比較強,希望每星期都能親密幾次。剛結婚那幾年,我還能勉強配合她的需求,但這幾年⋯⋯唉,真的是力不從心啊。」

他停頓了一下,喝了一口水,接著說:「現在,我的身體機能越來越差。有時候能勃起,有時候就不行。每當我能勃起,她就很開心,會立刻趴到我身上開始動。剛開始我還能勉強配合,但慢慢地,我的陰莖就會軟下去,再也充不了血了。」

他低下頭,語氣裡透著一絲羞愧:「她就會生氣,

會罵我說──『你真是沒用,這麼簡單的事都做不到!』有時候她還會說:『我嫁給你這麼多年,甚麼都沒享受過,就連這點需求你都滿足不了我!』」

他停頓了一下,眼神中流露出深深的無助:「我知道她不是故意要罵我,我也想讓她開心,可是⋯⋯老了,身體真的不行了。」

說完這句,伯伯的左眼流下了一滴眼淚。這是我第一次見到一位老人家流眼淚。

聽到這裡,我的心裡一陣酸楚。眼前這位老人,不僅在與衰老的身體對抗,還在努力維繫婚姻的和諧,甚至為了滿足伴侶的需求而感到自責與焦慮。

「伯伯」我輕聲說,「您真的很了不起,為了太太這麼努力。」

他苦笑了一下,搖了搖頭:「了不起甚麼呢?了不起我又為甚麼滿足不了她。」

「伯伯,您這麼在乎她,她一定感受得到的。」我安慰他。

他沉默了一會兒,像是在思考我的話,然後抬起頭

問我:「可是,如果我真的滿足不了她,她會不會有一天……離開我?」

原來一個老人家都會怕失去,我回過神來,說:「伯伯,我建議可以嘗試與太太好好談一談,讓她知道您的身體狀況,讓她明白您的感受。夫妻之間的親密是雙向的,並不是只有滿足對方才叫愛。」

他點了點頭,但臉上的神情依然充滿忐忑。我看得出來,他的擔憂並不是那麼容易消除。

「另外」我補充道:「夫妻之間的親密,不只是發生在床上。有時候,一些小小的舉動,比如牽手、擁抱,或者一起聊聊天,都能加深親密感。」

他聽完後,眼神裡多了一絲柔和:「謝謝你,這些事我都沒跟別人說,我試一試和她好好聊聊。」

●●老年性愛是另一種親密方式●●

送走伯伯後,我一直在心裡期望太太能明白伯伯的

心意。每個人都知道，隨著年齡的增長，身體的各種機能自然會逐漸衰退。這是一種無法抗拒的自然規律，無論是體力、荷爾蒙分泌，還是性能力，都會隨之下降。雖然很多人理性上明白這一點，但情感上卻往往抱有與現實不符的期待，特別是在性能力這個話題上。許多人希望自己或伴侶即使到了老年，性能力依然如壯年時一般，完全忽視了年齡對身體和心理帶來的影響。這種不切實際的期望，常常會造成關係中的壓力和矛盾。

以伯伯為例，八十歲的他的身體機能早已大不如前，但他的太太卻只有五十多歲。這樣的年齡差異帶來了性需求上的不匹配。太太可能還保有與壯年時相同的性慾和需求，而伯伯卻已經力不從心，無法像當年一樣滿足她。而太太在面對這種情況時選擇用指責和不滿來表達自己的情緒。她甚至認為自己在婚姻中「甚麼都沒享受到」，這些話對伯伯來說無疑是一種傷害，也讓他對自己的價值產生了懷疑。

我想核心問題是，太太以五十歲的性愛需求來期待八十歲的性愛表現，這種期待忽視了年齡對性行為的影

響，也忽視了伯伯作為一個老年人的身體限制。八十歲的身體自然有其獨特的需求和狀態，八十歲的性也應該有不同於壯年的表現方式。但太太的執念讓她無法接受這種變化，依然以壯年時的標準來衡量伯伯的表現，這種身心分離的想法，不僅對伯伯不公平，也讓彼此的感情關係產生了裂痕。

隨著年齡增長，伴侶之間的性行為可能會減少，但這並不意味著親密感的減少。老年人的性愛不是「不重要」，而是需要重新定義。它可以是一種更溫柔、更注重情感的親密方式，而不是單純的生理行為。老年夫妻可以通過其他形式來維繫親密，比如牽手、擁抱、傾訴，甚至只是一起享受一段安靜的時光。性行為的表現形式可能會改變，但親密的本質卻可以更加深刻。如果太太能認識到這一點，理解並接納伯伯身體的變化，或許他們的關係能夠更加穩定，也能讓伯伯從壓力和自責中解脫出來。

伯伯的努力其實已經體現了他對太太的愛：即使年老體衰，他依然願意嘗試新方法，比如購買持久噴霧，

甚至不惜向我這個陌生人尋求建議，只為了讓太太滿意。試問又有幾多人會做到？

這也提醒我們，愛情和婚姻中的親密感，從來不應該被單一的性需求所綁架。當我們能夠接受自己和伴侶的變化，並用愛與包容去面對這些改變時，感情才能真正經得起時間的考驗。

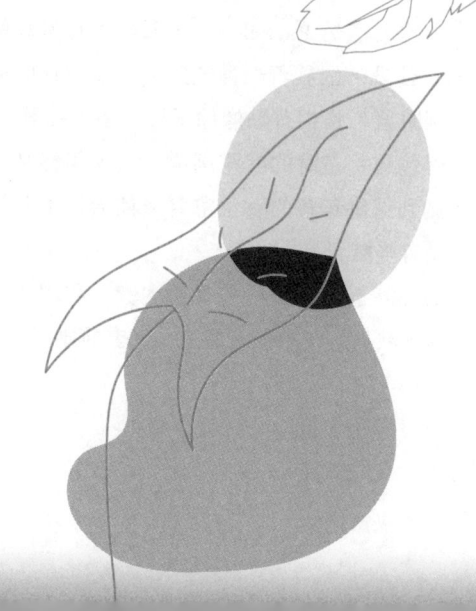

04

少奶奶 Rachel

在店內,我經常會遇到很多少奶奶,她們有一個共通點:即使金錢無憂,卻總有其他憂愁。

剛開中環店的時候,我常常一個人顧店。那時候生意冷清,偶爾一整天也只有兩三個客人。記得有一天,天色陰沉,店裡空無一人。我百無聊賴地翻著外賣單,想著午餐要吃甚麼。正當我準備打電話叫外賣時,門口的風鈴響了,一個少奶奶推門而入。

她的名字是 Rachel,二十五歲,身材高䠷,目測大概 170 公分,散發著一種成熟與稚氣並存的氣質。她戴著一副眼鏡,長相有點像徐子珊,手上拎著一個 H 開頭的名牌包包。當時的我剛創業不久,年輕又閱歷淺,第一次見到這麼年輕的女生拿著這種價格不菲的手袋,心裡不免有些驚訝。

Rachel 說她想找一些性感內衣。我們店裡那時候款式不多,我只好拿出僅有的三、四套讓她試穿。

●●擔心身材走樣，老公就不再愛自己●●

試第一套時，她站在鏡子前審視著自己的身形，不斷地整理胸圍，想讓它看起來更豐滿一些。

「這套是不是男人都會喜歡？」她有點不安地問。

我答：「最重要的是你喜歡。我覺得你穿這套很好看呀！」

試第二套時，她又有些不滿意，問：「有沒有可以讓胸部看起來更豐滿的？」

我心裡暗想，她的胸部已經是典型的「警鐘胸」（不用胸圍都自帶提拉效果那種），但還是耐心地回答：「你的胸部本來就很堅挺啦，胸圍只是幫忙修飾一下而已。」

她嘆了口氣，低聲說：「生了小朋友之後，身材真的走樣了。我很擔心老公不再覺得我有吸引力。」

「你已經有小孩了？」我忍不住驚訝地問。「聽起來你好像很擔心老公不愛你？」

她苦笑了一下，然後開始向我傾訴自己的故事。

Rachel 說她十八歲就嫁給了現在的老公。她爸爸早年離家，音訊全無，從小她就和媽媽、姐姐相依為命。媽媽總是對她說：「你讀書又不行，升不到大學，打工也賺不了多少錢。唯一的優勢就是你的美貌，長大後找個有錢人嫁了就好。」

十六歲那年，Rachel 的姐姐比她年長八歲，已如媽媽所願嫁給了一個富裕的男人，成為了「不愁衣食」的少奶奶。從此，每當姐姐和姐夫回家吃飯，媽媽總會逼著他們幫 Rachel 介紹有錢人。

「從我十八歲生日開始，媽媽更加積極要把我嫁出去。」Rachel 說，「姐姐和姐夫也很賣力，每次姐夫有朋友聚會，都會帶我去。」

她回憶起那些飯局，笑容裡帶著一絲無奈。「姐夫的朋友們都很喜歡我出席。每次聚餐，他們都搶著跟我聊天。」其中，有一個內地生意人對她特別有興趣。那位生意人比她大十五歲，當時三十四歲，家裡是做大生意的。他性格成熟穩重，但有點土豪，已到了適婚年齡，一直想娶一個年輕漂亮的老婆。

「第一次飯局後,他就問姐夫我有沒有男朋友。聽說沒有,他立刻說想娶我。」Rachel 說,「媽媽知道後,當然馬上叫姐姐安排相親。」

Rachel 和這位生意人只吃過三次飯,就在媽媽、姐姐和姐夫的「神推鬼擳」(全力撮合)下結婚了。

婚後不久,Rachel 就懷孕了。她還沒滿二十歲,就已經生下了兒子。生意人經常往返中港兩地,Rachel 的日子大多是在家裡度過,陪著她的就是兒子、婆婆和兩個工人。

「老公和婆婆眼裡只有兒子。如果不是我生了金叵羅(稀罕的獨生子),我老公可能早就不要我了。」Rachel 說這句話的時候,眼神裡充滿了幽怨。

我試著安慰她:「他會跟你結婚,肯定是因為你有吸引他的地方呀!」

她自嘲地笑了笑:「吸引他的,只有我的年輕和外貌吧。但總會有比我更年輕、更漂亮的女人出現,到時候,他還會要我嗎?」

她的話讓我心頭一緊。我可以感受到她的不安全感

和自卑感,但更讓我心疼的是,她從小被灌輸的價值觀讓她無法相信自己有其他的價值。

●●女性除了外貌,還有其它價值嗎?●●

「你愛你老公嗎?」我好奇地問。

她沉默了一會兒,然後低聲說:「中學的時候,我暗戀過一個師兄。那是我唯一一次真正喜歡一個人。之後,我就沒有愛過任何人了。」

「既然不愛,為甚麼還要和他在一起?」

「他不只養我,還養我媽媽。我媽媽現在不用捱,每天打麻將、喝下午茶,過得很開心。如果我離開他,媽媽會比我更不習慣。」

聽到這裡,我心裡五味雜陳。我鼓勵她說:「其實,你可以試著在外貌以外,建立自己的價值。比如趁兒子上學後,去學些自己感興趣的東西,像插花、畫畫,或者其他技能。這樣,即使有一天沒有了老公,你也能自立自足。」

她苦笑了一下：「道理我都明白，可是做到很難。我二十五年的人生裡，唯一被人讚過的就是外貌。」

我知道，改變一個人根深蒂固的價值觀並不容易。但我還是希望她能走出這個框架，為自己找到更多的可能性。

後來的兩年裡，Rachel 偶爾會來店裡買「留住老公」的產品。比如，按摩油、調情香水，甚至情趣遊戲卡──雖然她說老公沒耐性玩。但每次她來，我都能感受到她的焦慮和不安。

有一次，她提著一個新手袋來店。我隨口稱讚她的手袋時尚，她卻笑著說：「你也可以哄老公買給你呀！」

這句話讓我印象深刻。從小到大，我從沒想過要哄別人買東西給我。我一直都是用自己的錢買自己想要的東西。於是我回她：「如果是我，這麼貴的手袋，我會賣掉，然後拿著錢去學自己感興趣的東西。手袋會貶值，但學識永遠不會。」

聽完後，她只是淡淡地笑了一下，沒有反駁我。再後來，她來店裡的次數越來越少，直至再沒有出現過了。

13年過去了,但我有時還會想起 Rachel。現在的她已經跟我差不多三十八歲了吧?她的生活還好嗎?她有沒有遇到真正愛的人?還是她每天依然活在擔憂老公會離棄她的陰影裡?

讀書的時候寫我的志願,我也曾寫過「少奶奶」。注意,是少奶奶,不是家庭主婦!

我媽媽就是家庭主婦,一個人要打理全家的大小事務,洗衣、煮飯、掃地、照顧每個人的健康。小時候看著她為家庭付出,一人做十人的工作,我就知道自己絕對不想當家庭主婦。如果要嫁人,我只想當少奶奶——不用上班也有錢花,不用做家務還有老公寵愛。

但遇到 Rachel 之後,我才明白,少奶奶的生活也未必輕鬆。她們的擔憂不是錢,而是老公的喜惡。少奶奶也不是一份穩定的「筍工」,新鮮感一旦消失,「老闆」隨時就會走人。

Rachel 讓我明白到外貌或許能為一個人帶來短暫的優勢,但真正能讓人自信和安心的,還是內心的充實和獨立。無論是靠自己的能力,還是透過學習與成長去提

升自己，這些都比任何外在條件更加可靠。美貌會隨著年齡而減退，別人的寵愛也可能隨時消失，但學識、技能和內心的強大，卻是誰都奪不走的。

　　Rachel 當了「好妻子」、「好母親」、「好女兒」，卻沒有當一個「好自己」。當初 Rachel 說她害怕失去老公時，我心裡想的是：如果她能擁有自己的事業，或者哪怕只是一份讓她有成就感的愛好，她的眼神裡也許就不會只有不安，而會多了一份堅定。我們的價值遠遠不止表現在別人眼中的美麗與否，而是來自於我們擁有掌控自己人生的能力，以及我們為自己找到的充實與快樂。

　　而我呢？雖然暫時還沒嫁給有錢人，還沒當上少奶奶，但我現在的生活，錢是自己賺的，家是自己養的。即使有時候窮一點，但我們之間有愛。而這份愛，不只是來自伴侶和家人，也來自於我對自己的愛。我知道，無論遇到甚麼困難，我都能靠自己走下去。

05

我不知自己是第三者

那天是星期三中午時間,肚子有點餓的我正準備吃個三明治,卻被一陣急促的腳步聲打斷。一個女人推門進來,眼眶通紅,眼淚像斷了線的珠子,在她的臉蛋上一直溜下來。她叫 Daisy,三十出頭,穿著整齊的 OL 套裝,像是剛從中環的寫字樓跑過來。她靠在櫃檯邊,低聲說:「我可唔可以坐一陣?」我點頭,遞過一張紙巾,問她怎麼了。她深吸一口氣,哽咽著說:「我不知他結婚了。」看來是又是一個很長的故事,我把椅子拿出來,請她坐。

●●不知不覺成了第三者●●

Daisy 坐下來,慢慢說出她的故事。她半年前在一個朋友聚會認識了阿偉,一個三十歲多的男人,風趣幽默,總能逗得她開心。他說自己單身,在外資公司工作,經

常要出差處理業務，但對她特別好，在港時下班後有空都帶她去吃晚飯。Daisy 說：「他真的很愛護我，我以為我找到個好男人。」他們交往半年，她漸漸投入，甚至開始幻想未來。

直到那天中午，一切像泡沫般碎了。她跟同事老闆一起到公司樓下吃午飯，剛踏出大廈門口，突然一個女人衝過來，打了她一巴掌，指著她鼻子罵：「你為甚麼要勾引我老公？」Daisy 驚愕失神，還沒反應過來，那女人又想揚手打她。那女人拿起手機，指著螢幕上的照片，向她大罵：「他有老婆有子女！你為甚麼要破壞我們！」大堂人來人往，她的同事和老闆就在旁邊，目瞪口呆。Daisy 臉頰紅腫，快速跑離現場，邊跑邊想到底發生了甚麼事，想到我們的中環店是個安全的地方，就跑上來了。

她眼淚止不住，抬起頭看我，聲音顫抖：「我真的不知他結了婚。他跟我說他是單身的，我怎會知道他有家庭？」正室那一巴掌不只打在臉上，更打碎了她的自尊和信任。她說：「我覺得自己很愚蠢，怎麼會做了第三者？」她的眼淚，溶化了我對「第三者」的刻板印象。

我一直見到太太們痛恨第三者，可 Daisy 的故事讓我看到，事情遠沒那麼黑白分明。

社會總把第三者貼上「壞人」的標籤，說她們是婚姻的破壞者，該被唾棄。可如果她們根本不知道真相呢？Daisy 不是故意進入三角關係，她是被阿偉的謊言蒙蔽。她以為自己在談一場「正常」的戀愛，卻不知不覺成了別人眼中的「第三者」。那一巴掌不只帶來羞辱，更讓她質疑自己的選擇。她說：「我只是一個想有人愛的女人，我想找個愛我的人，又不是想拆散別人的家庭。」

Daisy 的經歷不是我唯一聽到這樣的經歷。幾年後，又有一個二十多歲的空姐小晴跑來店內哭訴，她當時剛跟一個男人分手，哭著說她發現對方有未婚妻。她說：「他跟我說他跟女友分了手，我信了，怎料他跟我拍拖時，還在跟那女友在一齊，而且他一早已跟她求了婚。」她被騙了半年，直到未婚妻在社交媒體發訊息警告她，她才知道真相。她說：「我不是想做第三者，但我為甚麼要被人說成是狐狸精？」她的故事像 Daisy 的翻版，

都是被蒙蔽的人,卻背上了不該有的罪名。

　　還有一次,我的中學同學來買東西,順便聊起她的感情。她說她曾愛上一個有婦之夫,對方說婚姻早已名存實亡,他們已經分居,正在辦理離婚。她信了,結果某天收到一堆恐嚇訊息,才知道那男人還跟太太住在一起。同學苦笑說:「我還以為他是跟我說真話,怎料一開始就在騙我!」因為以前的感情都曾因第三者而結束,所以她很痛恨第三者,怎料她卻被騙成為了她最痛恨的人。

　　Daisy說,阿偉從沒提過太太和孩子,甚至連結婚戒指都沒戴過。她說:「我怎會懷疑我愛的人?」那一巴掌讓她在同事和老闆面前抬不起頭,同事們都在她的背後紛紛說她閒話,她只能默默承受。

　　那天,Daisy哭了好一會兒,才慢慢平靜下來。她說:「我真的很錯!」我說:「你沒有錯!不要怪自己!錯的是那有心騙你的壞人。」她苦笑說:「但為什麼是我被打一巴掌?」我無言,只能陪她坐著,讓她喘口氣。

●●「第三者」不是那麼簡單 ●●

真正的錯不在 Daisy，而在阿偉。他隱瞞真相，把兩個女人都拖進痛苦裡。太太有權憤怒，因為她的婚姻被背叛。在正室眼中，她們只看到一個「搶老公」的女人，然後把怒火全發洩在第三者身上，卻忘記老公才是背叛了承諾的人，而不是第三者。Daisy 這些「被第三者」都是無辜的，因為她們從未想過要當第三者。

以前的我非黑即白，但 Daisy、空姐、中學同學的故事讓我明白，第三者不總是破壞者，有時他們是被隱瞞真相的受害者。他們沒想過要破壞別人的家庭，只是被另一半的謊言牽著走。愛情有時像一塊蒙眼的布，讓我們看不清前路。或許沿途有些線索一直都在，只是我們被愛沖昏了頭，不願意正視。

回想 Daisy 說的點滴，阿偉的謊言也許並非無跡可尋。她提到他經常出差，卻從不邀她同行；他總在特定時間才回訊息，說是在忙著開會議；他從沒帶她回家，

說與父母同住不方便；親密時都是帶她到酒店開房。這些可能是已婚男人的徵兆，可 Daisy 當時只看到他的溫柔，選擇相信他是個忙碌的單身漢。每個被騙的第三者，或許都曾忽略過這樣的信號。

綜合不同「被第三者」的分享，我總合了已婚男人常有些習慣，比如，他可能避談未來，從不提結婚或同居；他週末總有藉口不見面，說要加班或陪父母；他送禮時從不用信用卡，怕留下痕跡；他甚至可能在你面前要行到遠處接電話時，說是同事打來。這些線索其實都擺在面前，可是一旦愛上他，第三者就寧願當它們不存在。Daisy、空姐、中學同學都一樣，她們沉浸在甜言蜜語裡，沒想過這些「小事」背後藏著一個家庭。

愛情的盲目讓我們選擇相信，而不是質疑。Daisy 說過：「他對我那麼好，我怎會懷疑他？」這種信任讓她錯過了警訊，直到那一巴掌把真相砸在她臉上。空姐也說，她男友總說「忙」，她還覺得他努力上進，沒想到那是忙的背後藏了一個未婚妻。中學同學更曾以為男人深夜不回訊息是因為工作太累，卻不知他在太太身邊睡著了。

每個第三者都有自己的故事,有的被甜蜜蒙眼,有的被承諾迷惑。她們不是壞人,只是太想被愛。而當愛情來到時,她們都選擇相信。我希望人們聽到「第三者」時,能多想一層:她們也許不是破壞者,而是被騙的另一方。那些違背「一夫一妻一生一世」承諾的男人,才是真正的傷害源頭。

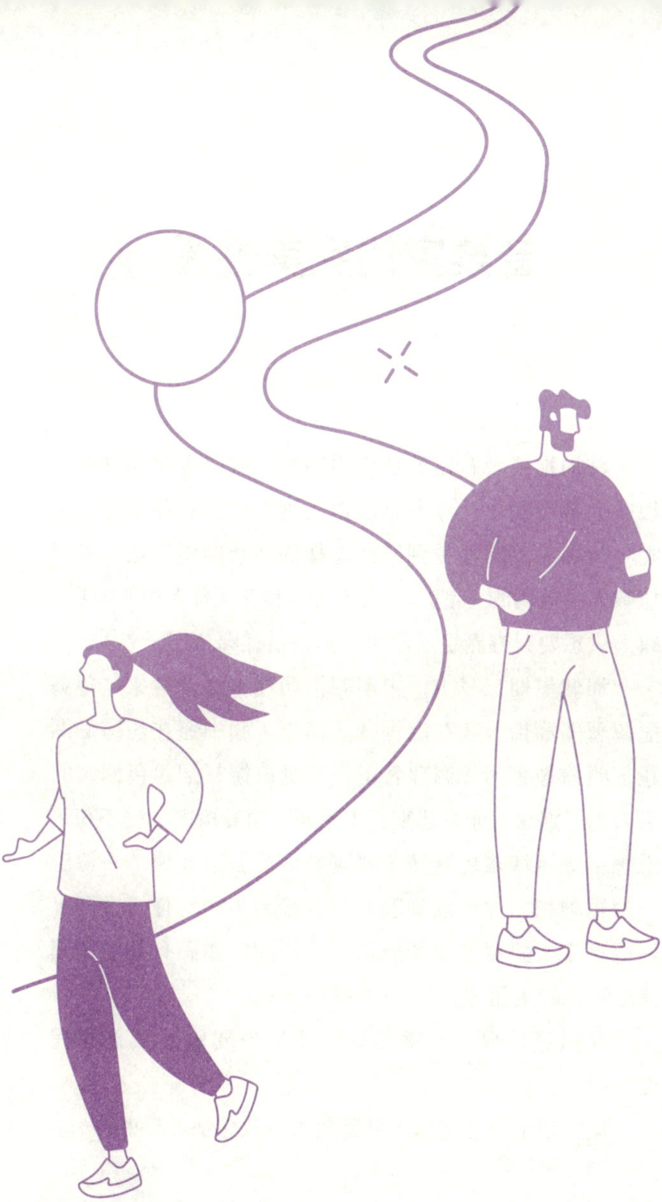

06
音樂家的完美性愛

　　當拍拖或者親密的過程很順利，或是近乎預期時，很多人都會說：「今天真的很完美！」到底甚麼是完美呢？一場完美的性愛到底是怎樣的？我開這間店，聽過無數人講他們的「完美」：有人想要持久，有人想要激烈，有人只想要對方滿足。但完美真是這樣嗎？

　　那個星期三早上，中環的街頭還未完全醒來，薄霧籠罩著閣麟街，我在店裡抹著櫃檯，腦中還在想這個問題。門鈴輕響，一個穿著熨得筆挺白襯衫配黑色西裝的男人走了進來。他看起來三十出頭，頭髮梳得一絲不苟，手腕上戴著塊銀色腕錶，氣質好似禮服蒙面俠──優雅中帶點神秘，像從歌劇院的主幕後台步出。他一進門，站得挺直，語氣溫文卻急切：「請問，你們有甚麼能讓我更敏感的東西？」

　　我微笑回應：「當然有，您是想要敏感到甚麼程度？」

　　他調整了一下袖口，低聲說：「我想快一點射……」

他臉頰微紅，手指在櫃檯上輕敲，像在彈一段無聲的練習曲。

●●被訓練到要每次都完美●●

我點點頭，從架上拿出一瓶增敏凝膠，遞給他看，邊展示邊說：「這款塗在皮膚上，能增加敏感度，特別幫您更快到達高潮。你做愛通常多久才射精？」

他搖搖頭，苦笑說：「我就是全程都硬著，有時折騰一至兩小時都沒射，女友都累得不行了。」

原來是這個問題…是很常見的。於是我問：「那你理想的時間是多久才射？」

臉紅紅的他說：「我想……女友滿足後才射吧。」

「為甚麼要女友滿足後才射？」我又問。

「我想每次都給她一場完美的性愛，男人都應該要這樣做才是好男友呀！」

聽到他這樣回答，再看到他一身整齊的衣服和髮型，

就連他的手指甲也是修得長度剛好,我就接著問:「你日常生活也是在追求完美嗎?」

他愣了一下,苦笑說:「我想我是被訓練到追求完美吧。」

原來我眼前這位禮服蒙面俠是一位小提琴家,自出娘胎就受到作為音樂家母親的薰陶。在母親的培養下,從小便學習音樂,他特別喜歡小提琴,志願是成為一位小提琴家。他的母親是一個完美主義者,除了訓練他拉琴時要音準,情感要跟著旋律表達得淋漓盡致,日常生活也事事要求完美。每天起床後要把被單摺平成角,校服要熨得沒有任何摺痕,洗手間要乾淨得沒有一根頭髮,指甲也要修剪得是完美的半圓形。他記得有次趕著出門穿了還未熨的褲子,母親看到後,冷冷地說:「穿成這樣就不要出門了。」

在完美的環境中長大的他,成績優秀,禮貌得體,亦如母親和他所願,成為了一位小提琴家。但完美也成了他的魔咒,拉琴時一個錯音要練到半夜,生活中一點瑕疵都讓他焦躁不安。

「聽起來一切都要很完美...您是連高潮都要彈到完美和弦嗎？但完美性愛是甚麼？每個人標準都不一樣，是你定義還是她定義？」

他笑了笑說：「你說得對，她說只要我舒服就好，但我總覺得要給她更多，不然不算完美。但我做愛時覺得射得太快就像彈漏了半首曲子。」

「若果用這個增敏凝膠，你又覺得怎樣？」我問。

他搖頭，嘆氣說：「我覺得像取巧，不是全靠自己。我不想靠外物證明自己，我要的是自己做到。」這思想應該是根深蒂固，從小就已經種下了。他細說原來這也是音樂家媽媽教的，甚麼都要靠自己努力，否則不值一提，任何事都要做到最好，不然就別做。

言談間聽到他對自己的要求，都不像是他在說話，更像是他媽媽在說話。反叛的我回應：「久久不能射，你又苦惱。有工具讓你快點射，你又覺得取巧。這標準是誰定的？你是想滿足她，還是想滿足你心裡那個完美主義者？」他愣住，我繼續說：「她說只要你舒服就好，你卻還在迫自己拉滿整首曲子，這歌是給她聽，還是給

你自己聽？」

他苦笑說：「可能真是給我自己吧。她從沒要求我持久或者怎樣，但我總覺得射得太快就像演出失敗。」

●●腦中的他人評審●●

我說：「這是你媽的標準，還是你的？」他眼睛瞪了一瞪，好像突然發現他早已內化了媽媽的要求。即使性生活媽媽不在現場管不了，但他腦海卻早已住進一個媽媽，時時刻刻地管束著他的一言一行。

「這樣說聽起來有點玄，性愛是當下的交流，想著待會兒能不能射，就會產生焦慮，想著上一次表演怎樣做得不夠好，就會埋怨自己。只有「做」在當下，你才會投入地享受，享受才會有快感，有快感身體自然就會做它該做的事。每當你擔心稍後能否射精時，就把專注力放回身體的感受，就像冥想一樣，回到一呼一吸，回到一抽一插啦！甚麼都不要買，回去感受當下啦。」

他困惑地看著我，就像聽了不太懂的佛經，說要回家想一想，轉身就走了。

這位小提琴家的追求看似是給女友一場完美的性愛，但細想之下，他真正想取悅的不是她，而是內心那個要求「任何事都要做到最好」、「不夠好就不配停」的評委。那個評委拿著母親的尺，量著時間、力度、結局，卻從不管他有沒有享受。他說「好男人都應該這樣」，但這標準從哪來？是女友的要求，是他母親從小灌輸的信念？「穿成這樣就不要出門了」──這句話像個魔咒，從被單的稜角到琴弦的音準，再到床上的表現，他被訓練得不敢有一絲偏差。

他的掙扎和焦慮其實很普遍，不只他有。性愛對很多人來說，不只是親密，還是一場表演。很多人覺得性愛要「做得好」，要滿足對方，要有完美結局──尤其男人，常被社會教導要「表現出色」。怕射得太快是「表演失敗」，怕射不出是「不夠男人」。這心態讓他們困在惡性循環內：越想完美，越享受不到，越享受不到，

越覺得自己不夠好,被「完美」綁架了快樂。高潮不再是親密的共享,而是他們要跨過的終點線。

性愛是兩個人的連結,不是獨奏會,不用自己一個孤軍奮戰的。伴侶是我們的拍檔,不是聽眾。既然是拍檔,那麼要創造一場愉悅的性愛就是靠雙方共同努力,而非單一性別背起所有滿足對方的責任。

後來這位小提琴家又回來了,一進門,他就走過來跟我說:「上次聽完你所說,我嘗試了把專注力回到身體的感覺,最後真的射了。女友很開心,我都很開心。」

「那就好了。」我內心很安慰,他終於聽到眼前人和自己的一呼一吸,而不只聽自己心裡媽媽的要求。

他繼續分享:「最近……我也嘗試在拉小提琴時,也專注在指尖在弦線上的感覺,好像這樣住在我腦內的完美主義者都安靜了,練習和演出時壓力都少了,表演時變得更純粹。」

聽到他這樣說,我都為他感到放鬆。很多人到老都未有覺察到那些我們對自己的嚴苛,對完美的追求,其

性愛對很多人來說，不只是親密，還是一場表演。

實都是從小培養出來的。問一問自己做人、做事、做愛時想討好的對象是自己,是伴侶,還是父母或照顧者從少到大的期許?

性愛真正的滿足不在滿分,而在連結。放下別人加諸在你身上的尺,投入於當下身心的感受,不安和焦慮都自然會減少,那時候才達到真正的連結。

07

沒有陽具的束縛

不論性別、性向或年齡,每段關係都有其獨特的挑戰與美好。但在眾多情侶中,女同志情侶的互動模式總是讓我印象深刻。相比其他類型的情侶,女同志情侶在關係中展現出的溝通能力與親密互動,無論是在探索性需求還是處理情感問題時,都顯得更加平等、自由且富有創意。

女同志情侶的到來,總是讓我感到一種格外的溫暖與輕鬆。與其他顧客相比,她們不同的是,幾乎總是以伴侶的形式出現,並且表現出一種對彼此需求的高度關注和了解。這種情景,在異性戀伴侶中並不多見。常見

的情況是男性獨自來購買情趣用品,或是女性一個人低調地進入店內,選擇自己需要的商品。即便偶爾有異性戀伴侶一起前來,多數也會顯得尷尬而拘謹,甚至連站在一起都可能顯得有些不自在。

年輕一些的女同志,或許會顯得稍微靦腆一些,兩人低聲交談,帶著些許羞澀的表情在店裡挑選商品。她們會緊貼著對方的身邊,偶爾湊到一起竊竊私語,好似在討論某件商品是否適合彼此,或者是否值得一試。

●●探索的溫柔共識●●

有一次,一對年輕的女同志情侶來到店裡,兩個高度差不多,一個短髮,一個頭髮中等長度(我們姑且給她代號叫中髮女生)。她們兩人在店內拖著手,一邊靦腆地看,一邊低聲討論,一邊互相確認對方的感受。在旁的我有時會偷聽到短髮女生會問中髮女生:「你現在

還有很害羞嗎？」中髮女生臉紅紅地回：「有一點，但這裡感覺很舒服，比我想像中沒那麼尷尬。」

然後短髮女生聽到鬆一口氣，繼問：「這個你想一起試嗎？」中髮女生臉紅紅地回：「這個好像太震了，我怕太敏感。你覺得呢？」。短髮女生聽了便說：「好像真的有點震，要不要問一問店員哪個輕力一點？」。

她們達成同意後，短髮的女生才會過來問我：「有沒有震力輕一點的玩具？我們都是第一次用。」緊隨在後的中髮女生站在一旁，輕聲補充：「我們想試，但不想太刺激。」。在我因應她們的需要推薦適合的震動器後，她們又再商量，過程中她們會談到震動力適不適合雙方，各人想嘗試用甚麼，各自對哪種刺激比較心動，最後找到大家的共同點，選擇了一款雙方都想嘗試的柔和震動的按摩棒。

在這樣的互動中，我感受到她們的溝通不僅僅是基於需求的表達，更包含了一種深層次的尊重與關心。短髮女生在整個過程中一直在引導伴侶，確保對方對選擇感到舒服，而非逼迫或主導，中髮女生亦溫柔地表達自

己的考慮。她們不急於追求結果,而是以耐心與平等的方式,共同探索彼此的需求與界限,最後達成共識。

這樣的溝通模式不是沒有在異性戀關係中出現,只是在我們店內觀察中少見。異性戀關係中,傳統的性別角色往往影響伴侶的互動模式。男性通常被期待主導關係,而女性則被要求順從與迎合。然而,女同志情侶因為雙方都是女性,這種性別角色的束縛相對較少。

她們的溝通都有著平等、尊重和同理,這可能是因為女性在成長過程中,更常被鼓勵去傾聽、理解他人,並以共情的方式來處理人際關係。她們都被期待具備更高的情感敏感性與表達能力,當雙方都具備這種情感表達的能力,她們在溝通中更傾向於坦誠分享與共情。

相比之下,年長一些的女同志情侶,則顯得更加坦然與自信。她們大方地向我們詢問產品的功能與使用方式,甚至會直接分享過去的經驗,毫不避諱地談論自己喜歡哪些產品、不喜歡哪些產品。

●●性愛中途，停下討論●●

有一對三十多歲的女同志情侶曾告訴我，她們在選購情趣用品時，會事先在家裡的電腦打開我們的網店，一起看，一起討論彼此的喜好，並在購物過程中反覆確認對方的意見。「我們都會商量，看看哪些產品兩個人都覺得適合。」其中一人說。「不會只有一個人話事，因為玩具是我們一起玩的。」。

她們還分享了一個有趣的經歷。有一次，她們購買了一款雙頭的玩具，回家後使用時發現並不適合其中一人的需求。於是，她們在性愛途中停了下來，再一次坐下來討論，試圖找出為甚麼不合適，並在下一次購物時挑選了一款更適合的玩具。

有多少人，會這樣在性愛途中停下來，為雙方的性愛福祉開會？異性戀情侶中，性往往是個敏感且容易被迴避的話題，特別是女性，常常因為害怕被批評或被認為「不端莊」而壓抑自己的性需求。她們會選擇停下來，是因為

雙方都能在性愛中享受過程是她們的首要條件，而這個條件高於一切。若果一對異性戀情侶做愛途中停下來，我相信大部分人都會崩潰，甚至覺得是關係的末日。

女同志之間的溝通，往往更偏向於「連結」而非「競爭」。這種傾向於傾聽、理解與共鳴的交流方式，使得她們在處理親密關係中，能夠更快速地找到彼此的共同點，並以合作的方式解決問題。

另一個我認為可以向女同志的性愛學習的，就是擺脫「陽具」的束縛。

在異性戀情侶的互動中，很多時候性行為被過度聚焦於「陽具」的存在與表現力，「陽具」的成與敗直接影響了整體的親密關係。但在女同志的世界裡，這樣的負擔似乎被自然而然地卸下了。因為陽具的缺席，性行為的焦點從傳統性別角色與「陽具的表現」上移開，轉而放在真實的感官體驗和彼此的情感交流上。

「表現焦慮」是許多異性戀伴侶在性行為中面對的共同挑戰。陽具的表現被過度放大，導致男性在性愛中

感到壓力，而女性則可能因為男性的焦慮而無法完全放鬆，甚至為了遷就對方而忽略自己的感受。這種焦慮讓性愛變成了一場「任務」，而非一場令人放鬆與愉悅的體驗。

沒有陽具的束縛，女同志情侶的性愛不再需要模仿異性戀的「標準模式」，她們得以更自由、更創意地探索身體的感覺，發現性愛的多樣性與豐富性。雙方都不需要擔心「是否足夠持久」或「能否射精」。她們的性愛更像是一場探索彼此身體的冒險，而不是一場需要達成某種特定目標的表演。

在以陽具為核心的性愛模式中，性行為往往被簡化為對生殖器的刺激，甚至將達到「高潮」視為唯一的目標。有一對年長的女同志情侶曾在店裡哈哈大笑地分享：「你都知女人可以多重高潮，高完一次又可以再高多幾次，若高潮是完成的指標，我們就永遠都做不完了。我們是想完就完，大家享受就繼續，累了就休息。」這種輕鬆與自然，讓女同志情侶在性愛中能夠更加放鬆，並專注於當下的感受，而不是被某種「性表現」所綁架。

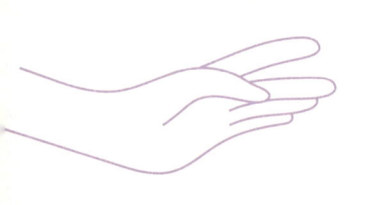

●●不以生殖器為中心的性探索●●

由於沒有陽具的存在,女同志的性行為擺脫了「生殖器中心化」的框架,轉而關注整個身體的感覺與觸碰的交流。皮膚的觸感、氣味的交換、手指的撫摸、唇與唇之間的碰撞,甚至是身體的重量與溫度,這些細微的感官刺激都成為她們性愛的一部分。

有一對女同志情侶曾分享她們的經歷:「我們特別鍾意用手指慢慢探索對方的身體,不一定是敏感區,很多時候背部、手臂、甚至膝蓋都會帶來很特別的感覺。」其中一位接著說:「氣味對我來說都很重要,有時候她的頭髮、頸部散發的味道,已經可以令我感到很親密。」。除了身體的探索,她們還提到,性愛中的眼神接觸、言語的交流,甚至是笑聲,都會讓她們感到快樂與滿足。「有時候不是用玩具,只是大家在床上玩鬧,已經覺得很親密。」

這種不以生殖器為中心的性探索,讓女同志情侶的

性愛體驗更加多元且深刻。她們不只是在追求快感的強度，更是在享受身體之間的連結，從而讓性愛成為一種全方位的感官體驗。她們的性愛強調的是連結與共鳴，而這種連結往往能讓關係更加穩固。

當然不同性取向的情侶間都會有存在的問題，不是所有的女同志情侶間都是健康的關係。以上都是我在店內觀察，從女同志情侶的溝通特質、與異性戀情侶的對比，以及她們如何拋開「陽具」的束縛來探索性與愛的多樣性，來探討為甚麼她們的愛情模式如此特別。若果當中有你覺得有用的啟發，不妨嘗試套用在自身的關係中，為凝滯的關係尋找出路。

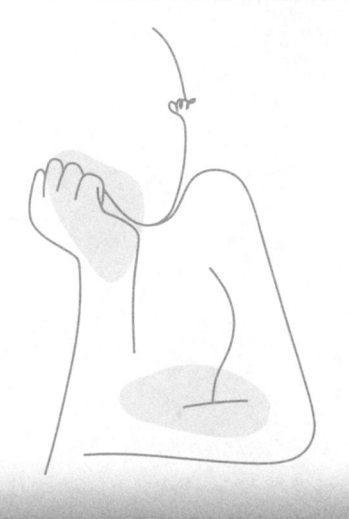

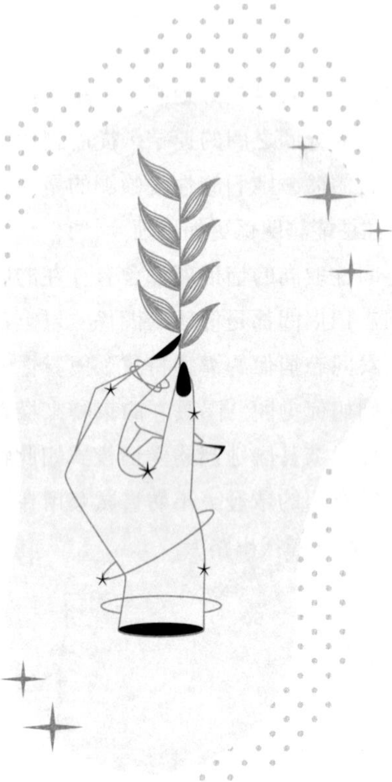

很多時候性行為被過度聚焦於「陽具」的存在與表現力,「陽具」的成與敗直接影響了整體的親密關係。

IV
開一間情趣店

208
209

01
為甚麼會開一間情趣店

　　我想沒有人在成長時想像到長大後會開一間情趣用品店吧。我當然也沒有，更沒有想過這個事業會成為推動性教育和改變香港性文化的重要一部分。但當我回顧過去，從我對性的無知，到探索身體及重新定義「性」，再到最終以 Sally Coco 這個品牌啟發他人，我才明白，這一切的發生是一個必然的過程。

　　我出生於香港一個傳統家庭，正向性教育在我的成長過程中幾乎是缺席的。在家庭和學校環境中，性更是一個禁忌的話題，沒有人願意談論，也沒有人教育我如何認識自己的身體。

　　十六歲的我會考後到美國留學，在那裡生活了半年後，在校園內認識了當時的男友展開了一段長達七年的戀愛關係，亦開始了性活躍的生活。當時的我對性愛的期待幾乎為零，甚至不了解自己應該期待甚麼。我們的性愛生活對我來說，卻是一場漫長的折磨。

●●我遇過的「快感缺口」與第一次高潮●●

在那段戀愛關係中,性愛對我來說並不是一件愉快的事。每次做愛時,我的角色彷彿只是履行一項義務:脫下褲子,短短幾分鐘的插入,然後結束。過程中,我完全感受不到任何快樂或滿足,無論是身體上還是心理上。我甚至開始懷疑自己的身體是否「正常」,是否存在某些問題。

這種現象,其實有一個專有名詞,叫做「快感缺口」(Pleasure Gap)。它指的是,女性在性愛中達到高潮的機率遠低於男性。這不僅是生理結構的問題,更是社會文化長期壓抑女性性需求的結果。像我這樣的女性被教導性愛應該以取悅伴侶為目標,卻很少被告知我們的快樂同樣重要。

隨著時間的推移,我對性愛感到越來越厭倦,甚至對伴侶產生了抗拒心理。又或者可能因對他抗拒,所以對與他的性愛同樣抗拒。最終,我們因為種種無法解決的問題而分手了。

2010年頭，我回到香港參加表哥的婚禮。在那次婚禮上，我遇到了 Picco——他不僅成為了我的伴侶，更成為了我的生命中最重要的啟蒙者。在我們交往的第二個月，他送了我人生中的第一個性玩具——一個雪茄形狀的震動器，說讓我有工具自我探索。

　　當時，我對這份禮物感到既好奇又困惑。我完全不知道該怎麼用它，也不明白它能帶給我甚麼。那天晚上，我帶著震動器回家，等到父母入睡後，悄悄地打開包裝盒。望著這個陌生的物件，我毫無頭緒應該怎麼使用它。於是，我做了唯一能想到的事情：打開 Google 開始搜索。

　　我在搜索欄中輸入：「如何使用性玩具？」Google 告訴我：「自慰。」

　　接著我問：「如何自慰？」Google 說：「刺激陰蒂。」

　　再接著我問：「甚麼是陰蒂？它在哪裡？」Google 給了我一系列非常直觀的解剖圖片。

　　那個晚上，我第一次學習到了女性的身體構造，也第一次明白了大部分女性的快感並不僅僅來自於插入，而是來自刺激陰蒂。凌晨四點，我經歷了人生中第一次高潮。

那是一種前所未有的震撼與解放,我的身體不再是為了迎合他人的工具,而是一個擁有無限可能性的世界。

那次體驗,讓我感受到了一種強大的力量與靈感。我開始反思,為甚麼像我這樣的女性,對自己的身體如此陌生?為甚麼從未都沒有人跟我提及女性的快感與自主權?為甚麼性在我們的文化中總是被視為羞恥或不雅的事物?

●●聽到客人因我們而改變,我就無比欣慰●●

當我將這些疑問告訴 Picco 時,我們萌生了一個念頭:既然性玩具能為我帶來如此積極的改變,為甚麼不將它變成一個正面的工具,分享給更多人?我們決定創立 Sally Coco,以性玩具作為一個入口,透過銷售產品推廣性正向性教育,打破性話題的禁忌,幫助更多人認識自己的身體,坦然面對自己的需求與渴望,並在關係中

實現更深層次的連結。

在 Sally Coco 經營的這些年，我見證了香港社會對性的態度從「表面開放、內裡保守」，逐漸朝著更健康、更正向的方向發展。例如，剛開店時有些顧客在走進 Sally Coco 時，會因為害怕被別人看到而躲在角落，甚至要求我們幫她從窗邊拿走展示的性玩具。現在客人們都會大方地走進店內，像逛時尚店鋪一樣地閒逛。

而客人的性知識都有所增長，以前我們的顧客中，有人連最基本的性知識都不具備。例如，我曾遇到一位女性顧客，她的男友因做愛時感到不適而責怪她陰道太窄、不夠濕潤。這種情況持續了七年，直到她來找我傾訴，在諮詢時我才發現問題其實出在她男友包皮過緊，這完全可以通過簡單的手術解決。最後介紹了她們去看醫生，問題迎刃而解。這類情況近年也比較少了。

話雖如此，作為一名女性，我在這個行業中面對過許多挑戰。即使在今天，仍有聲音認為女性不應該如此公開地談論性，看到我在各大社交媒體，電視報章上談論性，有些人會罵我不知廉恥。甚至有些人認為，因為

我敢談性,所以就可以對我進行騷擾。這些年收的不雅信息、留言與照片真的是多如繁星。但這些都只是我在創辦 Sally Coco 的路途上遇到的無數阻礙和挫折之一,若果不是有「理念」作基礎,我相信一般人都早已放棄,而我的最大動力來自於那些告訴我「因為 Sally Coco 改變了自己的生活」的顧客。每當我聽到有人因為我們的努力而找到快樂與自由,我就感到無比欣慰。

十五年來,我接觸過形形色色的顧客,聆聽過無數關於性、愛、親密、自愛與人際關係的故事。聽著這些故事,我彷彿活過了無數的人生。他們的失敗與成功、悲傷與歡愉、掙扎與掙脫,不僅讓我更了解人性,也讓我不斷自省和成長,也讓我對自己、性、愛與親密關係有了更豐富的認識。

一開始,我只是想分享性知識和技巧,希望讓更多人了解自己的身體構造,從而透過探索獲得歡愉和滿足。然而,正是因為這些顧客,我不僅成為了一個性教育的倡導者,也逐漸形成了自己的性哲學:性從來不僅僅是「做甚麼」或「怎麼做」,而是我們心靈與身體的連結,

是我們與自己對話的方式;亦是我們如何與他人的心靈與身體互動的橋樑,它關乎我們的心靈如何與他人的心靈連結,也關乎我們的身體如何與他人的身體互動。性讓我們得以用最真實的方式了解自己,也讓我們用最坦誠的方式理解他人。這種交流不僅是生理上的,更是情感、心理,甚至靈性上的深層連結。

Sally Coco 的誕生,是一個從個人探索到社會改變的故事。它源於一次偶然的自我發現,但如今已經成為推動性教育和性自主的重要力量。對我而言,不僅是一個事業,它更是我的使命。對客人而言,它是一個讓他們能坦誠面對自我的安全空間。許多人帶著一場交易的心態走進來,卻在離開時帶著身心的蛻變。他們不僅買到了一件適合自己的產品,更收穫了一種對自己的新認識與對關係的全新視角。

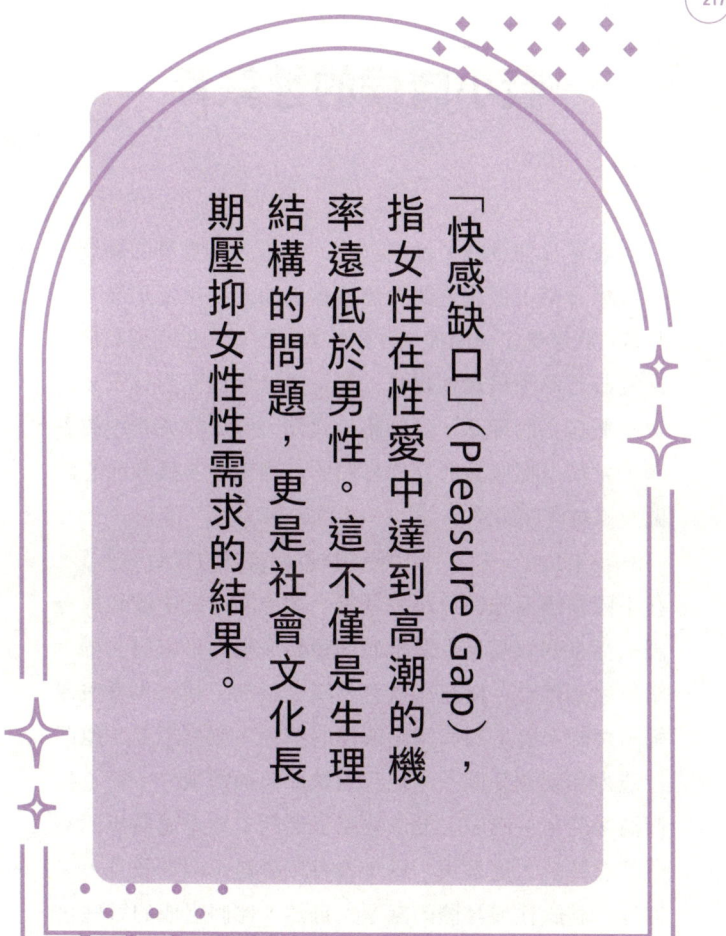

「快感缺口」(Pleasure Gap)，指女性在性愛中達到高潮的機率遠低於男性。這不僅是生理結構的問題，更是社會文化長期壓抑女性性需求的結果。

02
我小時候的性教育

　　我經常都會想，做倡議的人都是因為自身的經歷，所以才會踏上倡議之路，想讓後來的人不用走那麼多冤枉路。我經營了一間提倡正向性教育的親密生活用品店，店裡販售的不只是性玩具，更是關於坦白面對自己和宣揚身體自主的理念。這條路的起點，源於我成長中的點滴，尤其是那些關於性與身體的沉默教導，讓我決心開闢一條更開闊的路。

　　我生長在一個小康之家，爸爸有自己的貿易中小企，在中國經濟還未開放時，就當一個中間人做中國和周邊國家往來的貿易，生意忙碌卻穩定。媽媽是家庭主婦，掌管家頭細務，從起居飲食到清潔整理，她一人身兼保姆、廚師、養生師與鐘點姨姨的角色，無微不至。他們在能力和認知範圍下，把我和妹妹照顧得很好，給予我們溫暖的家。然而，父母教不了他們未曾學過的東西。他們在傳統家庭長大，童年沒有接觸過正向性教育，家裡從不談論性或身體的話題；自然，他們組成的家庭也延續了這份沉默。

●●「月經不能見光」●●

　　我的第一個性教育記憶,發生在我十歲第一次來月經的那天。那天之前,我毫無準備。月經來前一天,我從早上起床就感到下腹隱隱作痛,像一直有雙手在扭著我的內臟。我告訴媽媽,她只說可能是吃錯東西,遞給我一顆中成藥,說吃下去就沒事。我忍著痛熬了一天,第二天我們一家到大姨媽家拜訪。媽媽和姨媽、姨丈們在客廳熱鬧地打麻將,我和妹妹則跟表哥表姐玩耍。玩到一半,我突然覺得尿急,衝進洗手間,拉開底褲一看,上面竟有血跡。我嚇了一跳,以為自己受傷了,心慌意亂地跑回客廳,湊到媽媽耳邊細聲說:「我下面好像流血了。」

　　媽媽臉色一變,立刻放下麻將牌,拉我進廁所,關上門。她低聲說:「給我看看你的底褲。」我拉開褲子,她看見血跡,皺了皺眉,說:「你在廁所等我。」我點頭,心裡七上八下,滿腦子都是「我是不是病了」的念頭。大約十分鐘後,媽媽回來,手裡拿著一包衛生巾。她撕

開一塊,教我怎麼貼在底褲上,動作熟練卻急促。她說:「以後每個月都用這個,兩至三小時就換一次,像這樣貼在內褲上,用完的要包好丟進垃圾桶,千萬不要讓人看到。」我還未反應過來,媽媽就轉身出去,臨打開廁所門前,她轉頭嚴肅地說:「等一下出去,不要告訴任何人!」

那刻,我站在洗手間裡,手裡捏著衛生巾包裝,內心有千萬個問號。媽媽的語氣和那句「不要告訴任何人」,像一道無形的牆,阻斷我對身體的好奇。我學會了如何用衛生巾,卻也學會了把月經藏起來,像個不能見光的秘密,而不是是值得慶祝的轉變。從那以後,每次月經來,我都小心翼翼,怕同學發現,怕家人知道。我會偷偷把衛生巾藏在書包底層,拿去廁所更換時會快速地放進口袋,怕被同學看見,丟進垃圾桶時還要再蓋上一層紙巾。

這份沉默的教導影響深遠,讓我覺得女人的身體需要遮掩,尤其是月經和性這些「私密」話題,都是禁忌。學校也沒幫上忙,我讀的中小學都沒有性教育課程,小

學唯一有談到性的就是常識課講解青春期,以及衛生巾公司到校園內做講座派衛生巾。中學生物課有講生理構造的一課,同學們等了一學期,結果老師卻讓我們自修,留下滿堂失望。這份沉默從家裡延續到學校,讓我對性的認知像在一片迷霧中摸索。

●● A 片性教育 ●●

我在中學接受到的「性教育」也是一個家裡不講,學校不教,朋輩和色情片就成為了「性知識」來源的經典例子。因為我長得比較高大,所以都坐得最後排,旁邊的通常都是男生。那天在小息時他們突然在擾攘,把一個正方形的白色信封在拋來拋去,這個說:「是你的!」那個說:「是你的!」於是我就開口問:「到底是甚麼呀?拋來拋去!」其中一位接到手的男同學就把信封塞給我說:「給你啦!看完就丟了!不用還!」我把信封打開,就是一隻上面甚麼都沒印沒寫的 DVD。雖然還不知道光

碟內是甚麼內容，但自認男仔頭的我心想：「他們在怕甚麼？他們看的我都應該能看呀！」於是我把光碟帶回家，趁星期六早上爸媽出門買餸時，偷偷放進光碟機。畫面是一個日本女優在貨車上做電召女郎，被司機送到不同男人身邊「服侍」。我震驚得不知所措，知道自己「不該」看，卻又好奇。這是我第一次見到「做愛」，下體有種暖暖的感覺，卻夾雜罪惡感，像犯了甚麼錯。

　　看完後，我按男同學的指示把光碟丟進街頭垃圾桶，像丟賊贓般鬆了口氣。到底那罪惡感的源頭出自何處我都不記得了，我只記得看完那光碟的我，滿腦子有更多疑問。「是不是做愛都是這樣？」、「女人要這樣服侍男人嗎？」、「真的有人在貨車上做嗎？」我的「性教育」就是這樣從色情片和同學的竊竊私語中拼湊，帶來更多困惑和禁忌。

　　另一個深刻的記憶，是我十七歲第一次與男友發生性行為時，對避孕套的陌生。那時，我對安全性行為一無所知，只從電視廣告聽過一句「好男人就要戴安全

套」，覺得這句話很響亮，卻從沒見過實物。直到那天，男友從錢包裡掏出一個小包裝，撕開後熟練地戴上，我才瞪大眼睛，心裡驚呼：「哇，這就是避孕套！原來是這樣子的！」那薄薄的橡膠套在我眼裡像個外星物件，既新奇又陌生。我完全不知道它怎麼用，也沒想過問，因為問了好像會顯得自己很無知。這一刻讓我意識到，我的性教育有多匱乏，就連避孕套這種基本的東西，我都只是在第一次發生性行為時才見到。若果不是男友對於安全性行為有所認知，我可能就在沒有安全措施下發生了。

我就是在這種「性和月經不宜談論」的環境下長大，心裡一直帶著羞恥和滿腦子都是對性和身體的困惑，這些基本的性知識都不知道，就更加不知道怎樣在關係中建立良好的溝通，怎樣確立自己的身體界線，怎樣鼓起勇氣跟伴侶表達。直到日後在感情路上遇到了更多跌跌碰碰，加上我那直白的性格和好奇心驅使我接觸正向性知識，才慢慢解開這些枷鎖。

●●把被窩裡長年不見天日的禁忌都說出來●●

回想那次月經的經歷，我並不怪媽媽。她只是把她所知的教給我，就像她的母親教她一樣。在她成長的年代，月經被視為「不潔」，是女人的私事，不能公開討論。她的教導反映了那個時代的局限，我花了很多年才明白，月經不是甚麼骯髒的秘密，而是身體自然的節奏，是女性生命的一部分。

媽媽當年的教育方式無意中種下了羞恥的種子，但也成為我改變的動力。我們的店是全港首間情趣店把月事用品，如月經杯、月經碟、月經褲都納入產品系列中，把月經教育也當成我的使命之一。每當有年輕女孩走進來，問關於月經或性的問題，我都會想起十歲的自己，站在洗手間裡滿心惶恐的模樣。我會耐心地回答，告訴她們，經血不是骯髒，身體是你自己的，性歡愉不必羞恥。

若果不是因自身正向性教育不足，我也不會跑去學習進修性知識，成為性教育工作者。在店內遇到客人的

困惑，在工作坊上聽到的迷思，在網上受過的批評，在朋友間見證過的壓迫，都讓我意識到從小接受正向性教育的重要。因此現在有兩個小孩的我，也努力在家裡打造一個正向談性的環境。例如從小孩出生後，都會用性教育繪本正名教她們私密部位的名稱，把「陰莖」和「陰部」常掛在口邊，有一次在電梯內看到一個很像「陰莖」的形狀，小女兒包包就說：「這個很像陰莖！」旁邊的路人聽到後都有點驚訝為甚麼一個三歲小孩知道甚麼是陰莖，但我卻一臉自豪。下體是身體的一部分，和其他部位一樣都是自然的存在，三歲小孩知道甚麼是眼睛，甚麼是嘴巴，她們也應該知道怎樣稱呼下體。

她們亦親眼目睹我清洗月經杯、用手洗月經褲，她們知道經血是甚麼顏色、青春期後有月經是成長的一部分。我也會教她們身體界線，身體是屬於她們的，自己和別人都需要尊重，在保護自己的同時，亦不要成為別人的加害者。她們甚至知道震動器是甚麼，有次大女兒背包到店內等我放工，新同事看到她拿起一個大頭震動

器,便哄她:「這是一個麥克風!」。背包一臉正經的回覆:「這不是麥克風!是震動器!」,我想她可能是香港唯一能辨別出甚麼是震動器的五歲小孩。

人真的不會無端端的走上倡議之路,若沒有小時候缺乏正向性教育的經歷,沒有承受過種種壓抑,我也不會找到此生來到地球的任務,把那些長年蓋在被窩內不見天日的禁忌都說出來。

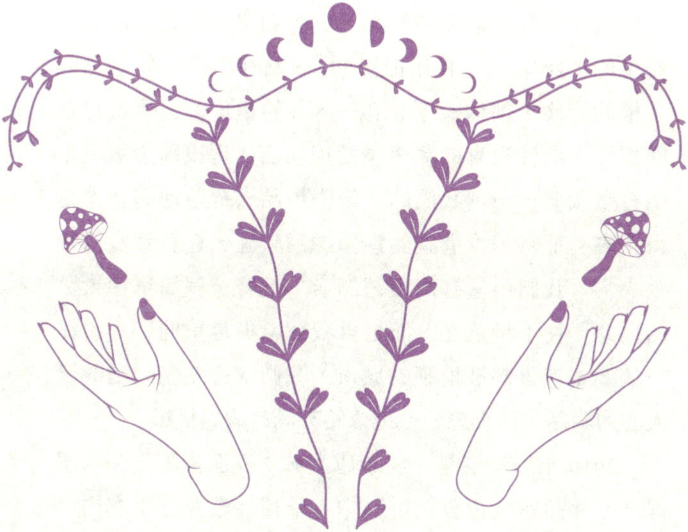

03

開情趣店的困難

　　我人生受過最多的歧視、白眼和責罵都是在開店後發生的，2010 年，我和拍檔 Picco 站在石門一間老舊寫字樓的走廊，準備簽下 Sally Coco 的租約，這是香港首間專注正向性教育的親密生活用品店。房東眯著眼，上下打量我們，彷彿我們的「親密用品」會讓他的物業變得不堪。那時，香港談論性像觸碰禁區，性教育資源幾乎為零。我們用僅有的積蓄開店，懷著一個簡單卻大膽的信念：性不是羞恥，而是自我認識與尊重的一步。在一個連寄包裹都被拒絕的城市，我們決心點燃一場改變人心的對話，卻沒想到，這條路充滿歧視與挑戰。

　　2010 年的香港是一座矛盾之城：表面國際化，內裡保守。性話題被包裹在沉默中，學校性教育近乎空白，年輕人只能從 TVB 劇情的曖昧台詞或同學的竊竊私語中摸索。當我和 Picco 創立 Sally Coco，試圖為香港人提供探索性和情慾的知識與空間時，亦處處碰壁。這些障礙不僅是商業上的挫折，更是對性話題的深層歧視，反映

了當時社會的保守心態。

●●速遞不收、業主不租、廣告被拒●●

開店後,物流成了一道難關。我們以為寄送產品是簡單的事,直到速遞職員來到貨倉收件時,看到我們的貨品,臉色一沉。

他問:「盒子裡的是甚麼?」
我說:「是用來鍛練骨盆底肌的鍛練球。」
他答:「這些我們不收,違反公司政策。」
我問:「你們公司政策哪有說不能寄這種產品?」
他答:「真的不能寄!我若果收了這包裹,會被經理罵的!」

跟他爭辯一輪,解釋了多次鍛練球不是甚麼違禁品,只是四顆有重量的球體。他只是一直搖頭,彷彿我們的包裹藏著甚麼見不得光的東西,堅拒幫我們寄出。我也

沒有力氣再跟他爭執，只好讓他離開，怎料臨離開前，他指著櫃上的飛機杯問我：「哪一個比較好用？我也買一個！」心裡還在冒火的我賭氣回道：「這些是違法的！買來幹嘛？」然後請他走。

到了 2012 年我們想在中環開店，我們滿心期待，以為在繁忙商圈會是理想起點，花了幾個月時間在中環走來走去看樓上鋪。最後我們鎖定了一間尺數大小地段都很適合的單位，跟經紀說我們想租下來。經紀跟我們要了卡片，說會好好的跟業主談談。怎料第二天經紀打電話來說業主知道我們售賣情趣用品，怕弄到他的大廈烏煙瘴氣，所以不想租給我們。

「我們的客人都是中環的專業人士，所以才想在中環開店。可以幫我約業主面談嗎？我跟他解釋我們的理念，真的不是在做黃賭毒！」經紀說他都很明白，但業主說：「這裡是正經地方，不適合你們。」那句話像一盤冷水，潑在我們的熱誠上。

但我們還是沒有放棄，在中環繼續找適合的單位。每逢經紀和業主問我們是做生意，我都改口說：「是賣

內衣的!」經過幾翻波折,我們終於成功租到現在中環店的單位。自此無論是租店鋪或是倉庫,我們都跟業主說我們是賣內衣的,再也沒有被拒。

推廣是開店的關鍵,但連這一步都充滿阻力。我們聯繫本地生活雜誌,希望刊登 Sally Coco 的廣告,介紹我們的理念和產品。編輯起初表現熱情,說「新奇話題好吸引」,但當我們提交廣告內容,提到「性健康」和「親密用品」,回覆就變得冷淡。一家雜誌直接拒絕,說:「讀者會覺得不舒服,廣告太敏感。」另一家更誇張,要求我們把「性」字拿掉,改成「健康用品」,就能登到整本雜誌的最後一頁的一個小角落。我試著爭取,說正向談性是全球趨勢,但編輯只是敷衍:「香港不同,觀眾未準備好。」。

業主的冷眼、速遞的拒收、雜誌的推搪——不只是商業障礙,更是對性話題的道德審判。它們讓我看到,香港社會把性貼上「不正經」的標籤,逼迫我們在暗處掙扎。但每一次拒絕,也像火花,點燃我們挑戰禁忌的決心。既

然紙媒們拒絕，我們就自己當媒體，在剛起步的社交媒體上做宣傳，寫文章，拍影片，自己成為我們想看到的媒體。最後，看到我們的內容，香港的網媒和紙媒們都紛紛來訪問，讓我們的店登上了各大報章及平台。

●●「不要告訴你爸」●●

開店的挑戰不只來自外界，也來自內心。在創業的頭一年，我都不敢告訴父母我們開的網店是賣甚麼。我負責網店的圖像設計，有時爸爸看到我在電腦前畫圖，都會問我花了那麼多個月在搞網店，到底是賣甚麼的。我避答，只會跟他說我們會賣女生會買的產品，怕他誤會我在做不光彩的事。

後來到網頁終於成形，可以正式開店時，剛好我回到美國探訪我妹和媽媽，我戰戰兢兢地在電腦中開了我們的網頁給媽媽看：「阿媽！你看這網頁！」

媽媽仔細在看:「設計得很漂亮!這些是甚麼產品?」

我單刀直入:「是性玩具!是不是一點都不像以前那些!很高貴的設計!」

媽媽好奇地說:「嘩!原來現在性玩具的設計那麼美!」

我自豪地回她:「這就是我跟 Picco 花了 9 個月做出來的網站!」

媽媽裝著不驚訝,很努力地在做好表情管理:「哦!做得很好!但不要告訴你爸!」

啊,我本來還指望媽媽可以幫我跟爸爸說。沒想到她會叫我跟阿妹一起瞞著爸爸。如是者,我又瞞了他半年。直到我們租了石門的小倉庫,爸爸說要來探望我們。

媽媽頂不順他日日夜夜說要來看我們,直接問爸爸:「你為甚麼那麼想去?」

爸爸說:「難道你不好奇他們賣甚麼?」

媽媽得意地說:「我知道他們賣甚麼呀!」

然後媽媽叫他好好坐下來，不要生氣，告訴他我們賣的是性玩具。

據媽媽復述，爸爸只是說了一聲「哦」就完了。後來搬中環店時，他還跟我們一起搬傢俬，用行動來默默支持。

沒想到他們比我想像中開放，一切的反對都只是我幻想出來的。雖然知道後他們都需要很多時間去消化，開初亦不敢跟親戚朋友說女兒在賣甚麼。但慢慢我和他們都找到溝通的語言。他們逐漸明白，我的努力不單止是賣產品，而是推動一個健康正面開放的對話——一個 Sex Positive 的 movement，才讓我可以更堅定地走下去。

從 2010 年的白眼到 2025 年的漸進開放，Sally Coco 見證了香港對性話題的態度轉變。速遞的拒絕、業主的冷眼、雜誌的推搪，如今成了我們故事的一部分，提醒我們改變來之不易。當然至今我仍會受到別人的白眼，亦會受到網絡攻擊，但每當有人從疑惑變成認同，我都感到香港的性禁忌高牆正裂開一道縫。

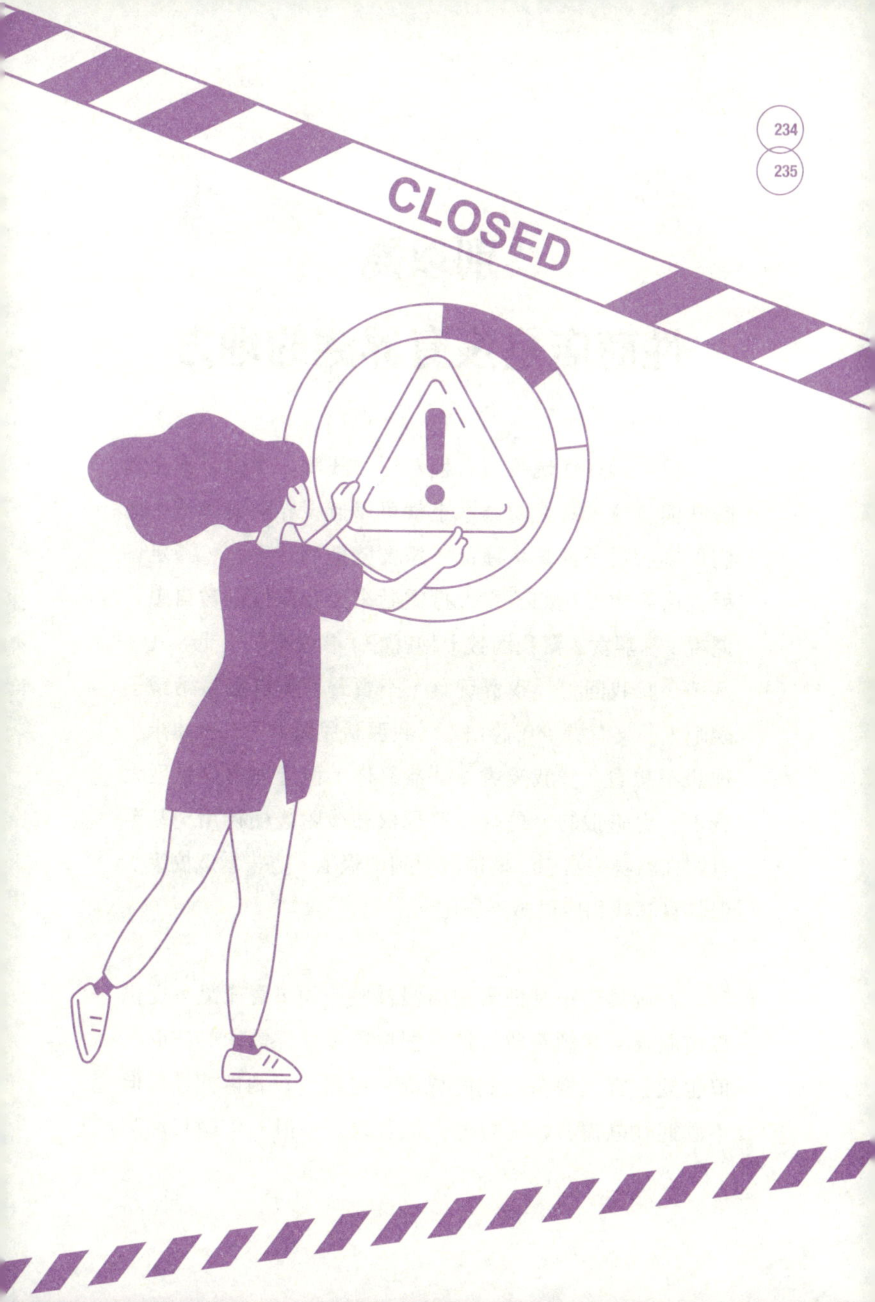
CLOSED

04
別以為
性商店是沒有界線的地方

很多人對性玩具店有種奇怪的誤解，覺得這裡充滿曖昧與放縱，甚至認為進來就可以無視界限與尊重。他們以為店員不僅是賣產品，還要陪他們「玩」，滿足各種荒唐要求。比如，有人打電話來要我幫他倒數自慰，還說：「靚女，幫我倒數十秒就好，我快來了！十、九、八⋯⋯」我回：「我賣玩具，不賣聲音，自己喊給鏡子聽吧！」又有青少年誇口：「我那話兒超大，二十厘米，你想不想看？」我笑說：「恭喜你，但這裡不是量度大賽！」更誇張的，是有人買飛機杯後跑後樓梯用，甚至有客在試身室自慰，把精液射到地板上。這些看似搞笑，但其實讓我和店員極不舒服。

性玩具店跟其他零售店沒甚麼不同，賣產品，提供專業服務。我們希望打造一個尊重多元性需求的空間，但也期望客人尊重我們的界線和自重。我們擁抱性，但不歡迎性騷擾。99% 的客人很有禮貌，但一年總有那麼

一兩起冒犯事件。這次,我印象最深的,就是這個「模特兒」。

●●這是甚麼鬼劇情●●

那天是個熱鬧的星期六下午,我正在跟新店員做培訓。忽然,門被推開,一個手拿啤酒罐的白人男子晃了進來。他看起來三十多歲,穿著緊身 T 恤和牛仔褲,頭髮亂糟糟的,像剛從酒吧跑出來。他一進門就大聲說:「I am a model. I am doing a catwalk tomorrow and need to buy a thong to wear underneath. Pick one up for me. (喂,我是模特兒,明天要走貓步,試衫要用條底褲,快幫我選啦!)」

我愣了一下,心想:模特兒?拿著啤酒來買底褲?這劇本有點怪。但我微笑著回應:「Yes, we have. What style do you want? (當然有,您想要甚麼款式?)」

他靠在展示櫃,喝了一大口啤酒,打了個嗝,咧嘴

說：「The sexier the better.（愈性感愈好。）」他朝我擠了擠眼，似乎自認魅力爆棚。

我心裡暗暗叫苦，眼前這位「模特兒」顯然是來搞亂的，這傢伙跟那些電話怪客沒兩樣。

我保持專業，從架上拿出一條黑色男裝丁字褲，遞給他看，邊說邊問：「This one is sexy. What size do you wear?（這款很性感，您穿甚麼尺碼？）」

「I don't know. A large?（我也不知道，應該是大碼吧！）」他又喝了一口啤酒。

男裝內衣放在靠近地上的箱子，我跪下來找尺碼，頭部和他下半身差不多水平。他突然放下啤酒罐，拉下牛仔褲，露出 Calvin Klein 內褲邊，說：「Look！It's a large right?（你看，我這條是大碼吧？）」

「Large…Yes…（對，是大碼）」我勉強回應，低頭繼續找，心想：這傢伙在搞甚麼？

我快找到大碼丁字褲時，他又說：「Look！It's definitely a large right?（你看，肯定是大碼，對吧？）」我轉頭一看，他拉下內褲，露出一根硬梆梆的陰莖，就

在我面前晃來晃去！我整個人呆住，臉離那東西不到三十厘米，腦子一片空白，只想：救命，這是免費成人片現場嗎？

他還得意地說：「Or is it an extra large?（還是特大碼？）」

我深吸一口氣，硬擠出句：「A large will fit better.（大碼較適合）」然後遞出丁字褲，轉身假裝整理貨架，心裡只想喊：救命，這是甚麼鬼劇情！

他拉起褲子，拿著丁字褲，晃悠到試身室問：「Can I try?（可以試嗎？）」

「Okay.」我和新店員對望一眼。他進去後，我低聲說：「你見到剛才啦？」她點頭。我腦中飛快盤算：最好他試完就走，最糟是他不走，還可能進一步亂來。正在想怎麼請他出去時，他從試身室喊：「I don't know if it fits. Can you see if it looks good?（我不知道合不合身，你來幫我看一眼？）」

我站在門外大聲回：「If you think it looks good, it looks good！（你覺得好看就好看！）」心想：你再亂來，

我直接報警!

他嘀咕幾句,終於出來,手拿丁字褲走到收銀檯,說:「I will take this.(我要這個)」扔下 500 港幣。新店員手抖著找錢,我快步開門,指著出口說:「Thank you for coming. Bye.(多謝光臨,再見)」他腳步不穩,差點撞到門框,假裝沒事下了樓。

他走後,我和新店員對視一眼,忍不住邊笑邊說:「剛才到底咩事?」這場鬧劇荒唐到極點,只能用笑聲化解緊張。我安慰她:「大部分客人都很正常,這種事不常有,別擔心。」心想:要是把她嚇跑,我又要請人了!

怎料他走後不到五分鐘,門又被推開,他拿著一張 memo 紙說:「Can I leave my number here?(我可以留下電話號碼嗎?)」我攔住他,問:「Why?(為何?)」他說:「If any of your customers want to have a sexy time, ask them to call me. I live around the corner.(如果有客想有個伴,叫他們打給我,我住附近)」他塞紙條給我,啤酒罐還夾在腋下,轉身走時罐子掉地嘩啦響,留下酒氣。

我立刻鎖門，把紙條丟進垃圾桶，忍不住罵：「Don't you fucking come back！（你不要再回來！）」

●●情趣店不是法外之地●●

後來，我跟朋友聊起，大家笑得眼淚都出來了，還說我應該開個「性玩具店應對怪客101」課程。有人提議下次拿出最大枝的不銹鋼玩具，向他跑過去，保證嚇跑任何「模特兒」！不過，笑完之後，我還是有些感慨。

很多人以為性玩具店是個可以放肆的地方，從電話怪客要我倒數自慰，到青少年誇二十厘米，再到這位「模特兒」脫褲子留電話，他們都覺得這裡是私人遊樂場。但性騷擾不只是肢體接觸，而是任何讓人不舒服、不被尊重的行為。像是這傢伙當眾脫褲子展示勃起，不是搞笑，而是用性來侵犯我的空間和安全感；電話裡要求我陪自慰，不是玩笑，而是把我當成滿足他們幻想的工具；

試身室自慰射精，不是私事，而是把公共空間當成他的發洩場。這些行為的共同點是無視別人的意願，強加自己的欲望，讓人感到不安甚至恐懼。

性騷擾不一定要摸你，言語、動作、一個不懷好意的眼神都能算，就像街上有人吹口哨，或者硬要搭訕不放手，只要是帶有性意味，而又對方感到不安、被冒犯、被侮辱、受威嚇或不被尊重，即是性騷擾。它不是「開玩笑」可以掩蓋的，因為真正的玩笑不會讓人覺得被冒犯或威脅。面對性騷擾時，很多人都會不知所措，包括我。這傢伙脫褲子時，我腦子一片空白，完全不知道該怎麼辦。是推開他？大叫？還是假裝沒事？我最後用了不作出任何大反應，扮沒事發生來應對，但事後我也會怪自己為甚麼沒有當場罵他，為甚麼還要那麼有禮貌？為甚麼我不報警？

面對性騷擾，誰都會愣住，尤其是當它突如其來，超乎想像。我慌過，猶豫過，甚至質疑過自己能否應付得更好。後來想，沒人天生知道怎樣完美處理這種事。如果你也遇到過，愣住、沉默，甚至沒反抗，別怪自己。

錯的是那個不懂尊重的人,不是你的反應。

　　我開這店,是希望大家能在性愛中找到樂趣,在人生中感覺好一點。但這不代表這裡是誰的私人性事工房,更不代表店員是你的「玩具」。性玩具店不是法外之地,也不是表演舞台。來買東西的,我們歡迎;來搞亂的,對不起,請走人。這裡是探索性和自我的地方,但絕不包括讓店員不舒服的那種。我們的產品是我們的專業,而不是我們。

05
我不賣的產品

提到情趣用品店,你第一時間會想到甚麼貨品呢?充氣娃娃?假陽具?漁網性感內衣?催情液?高潮液?這些大概是大多數人對情趣用品店的印象。的確,很多店鋪都會售賣這一類產品,畢竟這些商品的需求量大,市場廣泛。但在我們的店裡,有很多東西是我們選擇不賣的,並不是因為這些產品沒有市場,而是因為它們的理念與我們的價值觀不符。

我們的店鋪,不僅僅是賣情趣用品,更重要的是希望通過產品傳遞健康和尊重的性觀念,所以對於一些可能助長錯誤觀念、加深性焦慮的產品,我們會堅決說「不」。

以下是六大很多大賣,但我們卻從來不賣的產品:

1. 陰部美白粉嫩霜

我們店裡不賣任何形式的陰部美白或粉嫩霜,這類產品經常以「讓陰部粉嫩如少女」為噱頭,暗示陰部的顏色應該是某種固定的美學標準,甚至讓人覺得,如果自己的顏色不夠「粉嫩」,就不夠吸引,或者「不乾淨」。對於那些深信「黑鮑」就是性行為太多,「粉鮑」就等於少女的人來說,這些產品的確很有吸引力。

　　我記得有一位客人,因為自己的陰部顏色比較深,就算和男朋友親密的時候都不敢讓對方看到自己的下體。她曾經用過一些宣稱能讓陰部變粉嫩和美白的產品,但用了之後,不僅沒有變白,變粉嫩,還搞到陰部又痕又腫,感覺非常不舒服。她對自己的身體越來越不滿,甚至開始感到沮喪,覺得自己「不夠好」。

　　其實,陰部的顏色和個人的膚色、基因、荷爾蒙狀況都有關,每個人的身體都是不同的,也都是獨特的。陰部的顏色並不是一個「問題」,更不需要被改變。

　　我們拒絕販賣這類產品,因為它們讓人對自己的身體產生不必要的焦慮。我們希望每個人都能明白,陰部的顏色無論深淺,都是自然的、健康的,不需要迎合任

何審美標準。你的陰部本來就很好,沒有任何東西需要「修正」。

2. 豐胸膏

我們也不賣坊間流行的豐胸膏,這類產品經常聲稱可以讓胸部變得更大、更挺、更有吸引力,迎合了社會對女性身材誇張且單一的審美標準。這背後傳遞的訊息卻是:如果你的胸部不夠大,你就不夠美、不夠有價值。

有一次,我遇到一位客人,她告訴我,為了讓自己的胸部變大,她花了不少錢,幾乎嘗試過市面上大多數的豐胸膏,但結果卻完全沒有起色。她感到非常失望,甚至開始懷疑自己是不是「天生不完美」。她問我:「我是不是一輩子都不能吸引人了?」我告訴她,不管是大胸還是小胸,都有它的美好之處。

事實上,胸部的大小從來不應該成為衡量一個人魅力的標準,更不應該讓人因此而感到自卑。豐胸膏這類產品通常沒有科學依據,如果豐胸膏真的有效,那麼每天用來塗豐胸膏的手指,豈不是會愈塗愈粗?

與其讓客人花錢買一罐罐沒有科學依據的膏霜，我更願意幫助她們挑選適合的內衣，讓她們穿上後感覺自信、舒適，並欣賞自己的美。自信才是最有吸引力的特質，而不是胸部的大小。

3. 陽具增大器

　　陽具增大器的市場非常大，甚至網上隨手一搜，就能找到無數聲稱能讓陰莖「快速增大」的商品。很多男性因為對自己身體的不自信而選擇使用這些產品，但這些產品的效果往往沒有保障，甚至可能帶來身體傷害，所以我們一個都沒賣過。。

　　有一位客人告訴我們，他曾經購買過增大器，因為他總覺得自己的陰莖不夠大，會讓伴侶不滿意。他按照說明書使用，但過程中因為操作不當，導致陰莖受傷，之後還需要去看醫生，從此對這些產品避而遠之。我們也經常被問：「為甚麼你們不賣增大器？」我們的答案是：陰莖的大小並不是問題，真正的問題是社會對男性的過度要求。

無論陰莖是大是小，它都是身體的一部分，都是獨一無二的，沒有必要迎合社會對「大」的執著。

4. 催情口服液

催情口服液也是我們不會賣的商品之一。這類產品經常以「快速提升性慾」為賣點，甚至聲稱「只要喝了，對方就會對你欲罷不能」。這樣的宣傳聽起來很吸引人，但它們背後隱藏的價值觀卻讓我們無法接受。

有一次，我接到一位客人的電話，他問我們有沒有催情口服液，我回答沒有。他接著問：「那有沒有迷姦水？」聽到這個問題，我感到非常震驚，於是反問他：「為甚麼你想買這種東西？」他坦白說，自己想用這些東西迷姦朋友的老婆，實現自己的性幻想。這通電話讓我更加堅定了我們的原則：任何可能涉及侵犯他人意願的產品，我們都不會售賣。

很多市面上的催情口服液都是沒有監管的，成分表可能寫是天然的，但廠商有機會加入沒有標明但不合法的成分去達到「理想效果」，所以消費者真的有機會吃了甚麼

都不知道。如果在對方沒有知情或同意的情況下使用，這不僅違反了共識的原則，甚至可能構成性侵犯。

性愛應該是一件建立在信任、尊重和共識之上的事情，而不是靠一兩滴液體來實現。真正的催情，不是甚麼神秘的化學成分，而是來自雙方的情感交流與親密互動。也許一句貼心的話語、一個溫柔的擁抱，甚至是日常生活中的關愛，這些才是真正能夠催情的「秘方」。

5. AV 女優飛機杯

飛機杯是情趣用品市場中非常普遍的產品，而帶有 AV 女優形象包裝的飛機杯更是其中的「熱賣款」。但在我們的店裡，你永遠找不到這類產品。

我們拒絕售賣這些產品的原因很簡單：它們的設計和包裝，大多數是以男性視角為主，且帶有對女性身體的物化。我還記得我第一次走進情趣用品店時，看到貨架上滿滿的飛機杯包裝，上面印著各式各樣的 AV 女優形象，作為女性的我感到非常不舒服。我不禁想：這是不是所有男性的「理想型」？如果我不是這樣的女性，是

不是就不會被喜歡?這種感覺讓我焦慮,也讓我對自己的身體產生懷疑。

我們也發現,有些男性客人正因為我們沒有售賣這類產品,而對我們的店鋪環境感到滿意。有位男士曾告訴我:「來你們的店,我不會覺得自己像個好色之徒,因為這裡的產品不會給人那種低俗的感覺。」這句話讓我更加堅定了自己的選擇,性不應該只有單一的視角,而是每個人都能自由探索的領域。

6. 潮吹液

一聽到潮吹液這名字,相信很多人都會想買一盒回家試用。這類產品聲稱可以幫助女性「輕鬆達到潮吹」,並將潮吹塑造成一種「高級高潮」,甚至是衡量性愛成功與否的標準。這種觀念其實對女性造成了很大的壓力,讓性這件事變成一場「任務」式的表演。我們不希望這種錯誤的期待成為性愛中的負累,因此選擇不上架這類產品。

我見過太多人因為達不到潮吹而感到失落,在他們

的觀念裡，潮吹好像是一個「證明」自己達到高潮的標誌，但越努力追求，卻越感到失望。這樣的想法，其實很多時候源自於 A 片的影響。在 AV 片裡，潮吹的畫面通常都很震撼，大量液體從陰部噴出來，女優又表現得很享受。這種影像誇大地把潮吹表現得像是一種「完美高潮」，甚至是一個「性愛高手」的象徵，讓觀眾覺得只有當女性發生潮吹，才代表她真正經歷了一次「成功」的高潮。

我記得有位來店裡的客人跟我分享過，她和伴侶的關係因為潮吹這件事產生了矛盾。她的伴侶認為她應該「學會潮吹」，甚至讓她去嘗試各種產品來「實現」這個目標。她說：「我明明已經感到很滿足，但是他總是覺得我沒有潮吹就不算高潮。」這種情況讓她對性愛感到越來越抗拒。

事實上，潮吹只是一部分女性在性興奮時可能會發生的自然現象，並不是每個人都會經歷。高潮是身體與心理結合的一種複雜體驗，並不能單靠某種分泌物的存在與否來衡量。

在情趣用品行業裡，賣甚麼很容易，因為市場的需求總是存在。但不賣甚麼，卻是一種信念的體現。我們店裡不賣的每一樣東西，都是我們選擇站在正向性態度，以接納的態度面對身體，以尊重的態度和別人相處的立場上所作出的決定。我們引入產品的過程通常會比較長，因為每一件產品，從選擇到上架，我們都需要花很多時間去仔細了解產品背後的成份、品牌的理念，它向消費者傳遞的訊息是甚麼，並確認這些理念是否與我們一致。

有時候都會收到客人的抱怨，投訴沒有新品，或質疑為甚麼其他店賣的我們都不賣。我都會跟他們解釋在我們店裡見不到的產品，其實大多數我都已經研究過、衡量過，甚至有不少品牌在進入香港市場時，第一時間就會聯絡我們，期望能夠合作。最終，只有那些我認為「好的產品」，才會出現在店內貨架上。而那些我認為並不適合、不符合我們價值觀的產品，就不會在這裡出現。

我非常清楚，情趣店每一單買賣背後有太多人對自己的身體、對親密關係充滿焦慮，而我不想靠這些焦慮來賺錢謀利。我希望客人在探索性與親密關係的過程中，

能夠感受到自由與安心,而不是被焦慮、偏見或錯誤的觀念所束縛。所以我希望賣的每一件產品,都能真正幫助客人提升自信,享受健康的親密關係,而不是加重他們的壓力。

出書後記

當出版社第一次聯絡我，問我有沒有興趣寫一本書時，其實我心裡是猶豫的。作為一個經營情趣用品店的創業者，我從來沒有想過自己會以「作者」的身份去記錄人生，去分享自己在店內的經歷和故事。我一向覺得，寫作是一件需要極高專業能力的事情，而我自問並不是一個作家。可是，當我冷靜下來仔細思考，心裡卻有一個聲音告訴自己：人生有多少次機會，能夠將自己的經歷寫成一本書，然後分享給更多人呢？如果出版社願意邀請我，某程度上應該是因為我過去的經歷、聽到的故事、以及我所做的事情，對這個社會是有一定價值的。也許，我真的應該試一試。

於是，我鼓起勇氣，膽粗粗地答應了這個挑戰，開始了從未想像過的寫書旅程。當然過程並不是一帆風順的，一開始寫的時候，因為不習慣用這種方式去表達自己，我感到非常吃力。我的腦子總是充滿了零碎的想法，卻無法輕易地組織成一篇完整的文章。起初的兩個星期，我甚至寫不出一篇像樣的文章，感覺腦袋像在進行高強度的運動一樣疲憊。但隨著時間的推移，我逐漸找到了

自己的節奏，開始越寫越順手。就像跑步一樣，起初可能非常累，但當你找到呼吸的節奏之後，便能越跑越遠。

寫作的過程不僅是一種創作，也是一段不斷反思和回顧的旅程。在書寫的過程中，我重新審視自己過去的十五年，回憶起許多曾經聆聽過，看到過的故事。其實，我最初列出了超過六十至八十個故事想要寫下來，但最後不得不精挑細選出二十至三十個我認為最能令人看後有所反思，最能引起共鳴的故事來呈現。這些故事令我個人對於性、性別、關係、愛人及自愛的看法都有所成長，是我認為值得被記錄下來、需要被聽到的。

在這個回憶和反思的過程中，我也重新審視了自己過去所做的一切。我心裡一直都介懷一點，就是我們的店鋪雖然經營了這麼多年，販賣的都是其他品牌的產品，而不是自己開發的商品。多年來，我總是有著心結，覺得如果我們能有自己品牌的產品，那才算是真正的成就。身邊的合作夥伴不時會問：「你們甚麼時候會有自己的產品啊？」這個問題一直在我腦海裡揮之不去，似乎成了一個無法完成的目標。

在這一次寫書的過程中，隨著一篇篇文章的完成，我忽然有了一個全新的領悟：原來我們的店鋪本身，就是我們的產品。這個空間、這個平台，讓人能夠在一個安全的地方學習正確的情慾知識，讓他們能夠坦然面對最親密的自己，甚至讓他們能夠釋放長久以來壓抑的情感，與我們分享內心的故事。這些難道不就是最有價值的「產品」嗎？

這一刻的領悟，讓我解開了心結。多年來，我之所以會懷疑自己是否真的做了有意義的事情，正是因為我們的「產品」是如此虛無縹緲，無法用具體的數據去量化。賣出一件商品，我能看到銷售的數字；但我們店鋪所提供的這個空間，卻是一種無形的價值，既無法量化，也無法用具體的方式去呈現。因此我有時會自我質疑和迷失。直到寫這本書的過程中，我才真正意識到，原來我做的事情，遠比想像中更有價值。

這本書彷彿一面鏡子，我在其中看到了那些曾經走進我店裡的顧客，他們的掙扎與釋放，還有我曾經如何給予他們陪伴與支持。說我們是「解憂情趣店」，也算當之

無愧。通過書寫這面鏡子，我重新照見了自己過去十多年的付出和努力的意義，這讓我更有動力繼續走下去。

我想感謝在這出書路上所有支持我的人，尤其我的家人和朋友，感謝那些曾經走進我們店裡，分享過自己故事的顧客們，是你們讓我看到了這份工作的意義。還有要感謝不同時期在 Sally Coco 工作的每一位同事，我稱他們為 Intimate Stylist，書中有些故事其實是他們遇上的故事，然後我把它改編成文章。我常說 Sally 不是我，是我們，每一位同事的性格，對性／別的看法，個人的經歷以及人生觀，都浸透在 Sally 的品牌形象當中。沒有你們的全程投入和付出，Sally Coco 又怎會在香港這個城市不斷成長了十五年？

也感謝二〇四六出版社給予的機會，讓我可以透過文字整理自己的思緒，梳理過去十五年的點滴：我們如何通過產品和空間，去傳遞愛與支持，去幫助別人找到屬於自己的力量。

這本書，不僅是我對過去的一個總結，也是我對未來的一個承諾。我希望這本書能夠啟發更多人，讓他們

看到性愛不一樣的一面,反思自己的價值,勇敢地面對情感與情慾,擁抱生命中那些美好的事物。如果你正在讀這本書,希望它能成為你探索性愛和親密路上的一個小伙伴,讓你知道現在的你就已經值得被愛,值得被接納,值得自主地實踐你所響往的親密生活。

希望這本書,也是一份對香港人的親密關係與性愛文化的時代見證。

解憂情趣店 —— Sally Coco 的真實故事

作　　者｜呂穎恆 Vera Lui
責任編輯｜鄧小樺
執行編輯｜余旼熹
文字校對｜周靜怡
美術設計｜朱疌

出　　版｜二〇四六出版
發　　行｜遠足文化事業股份有限公司（讀書共和國出版集團）
社　　長｜沈旭暉
總 編 輯｜鄧小樺
地　　址｜103 臺北市大同區民生西路 404 號 3 樓
郵撥帳號｜19540465 遠足文化事業股份有限公司
電子信箱｜enquiry@the2046.com
Facebook｜2046.press
Instagram｜@2046.press

法律顧問｜華洋法律事務所 蘇文生律師
印　　製｜博客斯彩藝有限公司
出版日期｜2025 年 7 月初版一刷
定　　價｜380 元
I S B N｜978-626-99714-2-8
插圖素材｜Vecteezy.com
（Sally Coco 提供部分設計素材，特此鳴謝）

有著作權・翻印必究：如有缺頁、破損，請寄回更換
特別聲明　有關本書中的言論內容，不代表本公司／出版集團的立場及意見，由作者自行承擔文責

國家圖書館出版品預行編目 (CIP) 資料

解憂情趣店：Sally Coco 的真實故事 /
呂穎恆 (Vera Lui) 作. -- 初版. -- 臺北
市：二〇四六出版；[新北市]：遠足文
化事業股份有限公司發行, 2025.07
260 面 ; 13×18 公分
ISBN 978-626-99714-2-8(平裝)
1.CST: 性別關係 2.CST: 通俗作品
544.7　　　　　　　　114007918